AF342892

L'EUROPE ET LE TOURO-ARYANISME.

La théorie ethnologique du jour, qui exclut les races touraniennes de la famille des Aryas de l'Europe, outre qu'elle dénote l'ignorance des langues de l'Asie, fait tort aux droits historiques des Turcs à la place leur due, parmi les principales branches de l'humanité. Voici la thèse que j'ose aborder avec les données de l'histoire et de la philologie comparée. Cette tâche

est pour moi d'autant plus obligatoire, que c'est M. Duchinski, mon intime ami ; qui, il y a déjà une vingtaine d'années, éleva cet échafaudage d'hypothèses gratuites. Ce savant et honnête historien aimait bien la nation slave, et il a rendu de

L'EUROPE ET LE TOURO-ARYANISME.

En écrivant quelques pages sur la nation turque, j'ai voulu m'enfermer dans de certains limites. Cependant, la déclaration faite récemment par M. Casimir Delamarre, dans sa pétition au Sénat de l'Empire français, demandant pour l'enseignement de l'histoire un programme d'après lequel les Turcs avec les Moscovites, rejetés de la famille des Aryas de l'Europe, se verraient relégués dans la race représentant la barbarie de l'Asie, m'engage à y ajouter quelques mots. Cette tâche est pour moi d'autant plus obligatoire, que c'est M. Duchinski, mon intime ami ; qui, il y a déjà une vingtaine d'années, éleva cet échafaudage d'hypothèses gratuites. Ce savant et honnête historien aimait bien la nation slave, et il a rendu de

grands services à l'étude de l'histoire , dans ses
branches multiples; mais il connaissait si peu l'A-
sie, ses peuples et ses idiomes, qu'il n'hésita pas à
prendre pour base de ses hypothèses une fable ~~in-
sipide~~ sur l'antagonisme de l'Iran et du Touran, ne
soupçonnant pas que le noyau cherché par lui, de
la famille des Aryas, n'était peut-être que la race
turque elle-même.

Il est vrai que les preuves historiques pour
rendre cette probabilité plus palpable , sont in-
suffisantes , sous ce rapport , en Asie. Mais d'un
autre côté, n'est-il pas étonnant que les Persans,
qui ont joué un rôle si important dans l'histoire du
monde et qui ont possédé une civilisation et une
écriture si anciennes, n'aient pas une histoire et
des documents méritant quelque attention , comme
s'ils avaient un intérêt dans cet état de choses ?...
N'est-ce pas étrange que les Iraniens ne se soient
pas fait connaître sous ce nom aux Grecs et aux
Romains, en portant le nom de Perses, nom qu'ils
n'acceptent pas aujourd'hui ? Comment, en effet ,
une nation qui ne compte pas plus d'un million
de vrais Persans (le reste étant Kurdes ou Turcs),
pouvait-elle régner dans le Turkestan , l'Afghanistan, le Caucase, en Ibérie , en Arménie , en
Assyrie , en Médie, en Phrygie , en Syrie et en
Thrace, et voulait-elle simultanément conquérir l'E-
gypte, la Grèce et la Scythie, au-delà du Dnieper,

en inondant le monde de ses armées innombrables ? Mais en Perse, presque, tout le monde parle
aujourd'hui le turc : les Kurdes parlent un des anciens dialectes primitifs, les Afghans parlent le
pouschtou ; le persan n'est que la langue de la
civilisation et de quelques endroits exceptionnels,
comme Ispahan et Chiraz, dont les habitants con-
trastent par leurs traits mystiques avec ceux du
reste des Persans, évidemment japhétiques et
turcs.

Certes, ce sont des questions que l'analogie des
mots d'Iran et d'*Ariana regio* du Khoraçan[1] ne
saurait résoudre ; pour trouver une solution, il
faudrait se rallier à la voix du grand citoyen et
philosophe, J. Sylvain Bailly, voix éteinte depuis
bientôt un siècle et couverte de critiques imméri-
tées ; on se plaît aujourd'hui à suivre dans les recherches historiques un système préconçu et d'une
partialité inconcevable. Ainsi, si l'on trouve au
fond du Touran un objet d'art ancien, on présume
qu'il a été importé par le commerce ; si l'on voit
des ruines accusant une architecture inconnue,
c'étaient des villes de Cyrus et des Samanydes ;
les inscriptions trouvées au fond de la Sibérie,
seraient celles des Chinois ; nos Tadjiks ne seraient que des Persans égarés dans le Turkestan,
en Chine et dans l'Afghanistan ; et on ne cherche
pas la raison de la résistance depuis tant de siècles

(1) L'Aryana regio a plus ~~analogie~~ des rapports avec les races turques, araliennes, d'Aral.

des tribus de Kafires, qui, entourés de tous côtés
par les populations musulmanes et boudhistes, dé-
fendent une religion qui n'est pas celle de Zoroastre. Et cependant , si l'on est décidé à nier la
possibilité d'une ancienne civilisation turque , on
ne saurait nier l'ancienneté des villes du Turkestan. Né, à ce qu'on prétend, dans la Bactriane ,
c'est dans cette ville que Zoroastre , au treizième
siècle avant Jésus-Christ , commença la réforme
de l'ancien culte et lutta longtemps contre l'opposition des villes du Nord et de l'E-t. Aussi , c'est
du côté du Sud seulement , c'est-à-dire en Perse
et aux Indes, que la réforme, partie de la Bactriane, avait pris racine. Les historiens chinois at-
testent l'ancienneté immémoriale de villes comme Casgar, Aksou, Taraz, Uzkiend etc. , en observant que leurs habitants étaient plutôt com-
merçants que guerriers. En effet, à travers les siè-
clès, les deux Turkestan , occidental et oriental, étant exposés continuellement aux invasions
des Huns, des Chinois, des Khitaiens et des Mongols, et se trouvant au centre de la conflagration
des croyances guèbre, boudhiste et musulmane ,
avec celle des anciens Ouigours, dont nous parle-
rons plus bas , ce sont ces villes et certains endroits inaccessibles aux nomades, qui devinrent l'a-
sile de la civilisation asiatique et l'entrepôt du
commerce international. Les mêmes historiens

chinois, n'entrant pas dans les causes qui ont influé sur l'état nomade des tribus , comme l'insuffisance des terres cultivables et l'impossibilité de s'entourer d'une muraille au milieu des steppes, ils les appellent du nom général de barbares, quoique ceux-ci, depuis les nomades turcs jusqu'aux Calmouks, aient possédé des lois et une écriture alphabétique supérieure aux hiéroglyphes chinois.

Il est donc évident que, placée désavantageusement au fond de l'Asie, dans un pas sans débouchés et à la portée des tribus de la race jaune , la grande nation turque, ayant perdu depuis plusieurs siècles , dans la civilisation arabe, son écriture nationale et les monuments de son passé, ne peut facilement revendiquer ses droits historiques. Ainsi, quand le voyageur chinois, Tcham-kiao, en 121 avant J.-C. , fait les louanges d'une nation célèbre et policée, celle de Gan-si , habitant les bords de l Oxus et voisine de la Perse, on est bien enclin à céder tout l'honneur de cette civilisation aux Parthes, quoique les habitants de la Parthiène moderne soient Turcs par leur langue et par le type de leur physionomie , et que la description des anciens concernant ce peuple convienne à peine aux tribus turques. De même que Ptolémée et Ammien Marcellin , en parlant des Issidons , établis entre Casgar et Aksou, les qualifient par l'épithète de *magna gens... omnium splendidis-*

simi , M. de Guignes pense, que c'étaient des Chinois ou *Seri*, quoique selon le même auteur , les Chinois, au siècle de Ptolémée et d'Ammien Marcellin, n'occupassent pas ces villes.

Si l'on observe cependant , qu'outre le code d'*Ouloug-iassa*, les Mongols possèdent une écriture syllabique; que les plus ignorants des peuples d'Asie, les Calmouks, ont le code de *Galdan* , et que les Mantchous , qui ont adopté postérieurement cette écriture, se distinguent par une littérature assez florissante, on est bien porté à faire des recherches sur l'origine de ces caractères. Or, ceux-ci n'étant pas de l'espèce indo-thibétaine, c'est-à-dire boudhiste, ni de celle de Zoroastre , et par conséquent d'une antiquité bien reculée , il faut nécessairement admettre un centre très ancien de la civilisation turque. En effet, Rubruquis, missionnaire catholique du troisième siècle, nous apprend , qu'a l'instar des Phéniciens , les inventeurs de cette écriture furent les anciens Ouigours turcs, célèbres en tout temps en Asie , et ayant toujours cultivé les sciences et les arts. Ces Ouigours gardaient, autant que possible, leur neutralité entre les hordes de conquérants et rayonnaient partout par leur civilisation; c'est d'eux que les Tatares ont pris leur alphabet. Ce missionnaire , qui les avait visités en 1253 , en fait une description bien intéressante, qui s'accorde quelque peu avec celle des voyageurs modernes concernant les mœurs des montagnards du Cafiristan , pays placé entre Balkh , Casgar et le Couhistan, dont la population, quoique mélée de débris de différentes tribus (1) et abrutie aujourd'hui par une lutte incessante contre l'islam , conserve encore une croyance, probablement antérieure à celle de Zoroastre.

Il paraît que les Ouigours , à l'instar de ces derniers et des anciens Romains , portaient le plus souvent la tête découverte et qu'ils rasaient leur barbe. Leurs temples présentaient vers le Nord , vis-à-vis le chœur, une chapelle où l'on voyait l'autel devant lequel les Ouigours priaient en silence en lisant des livres , un genou à terre ou assis sur des bancs. Au temps de Rubruquis , ils avaient adopté déjà quelques principes de panthéisme boudhiste, mais ils étaient d'une secte particulière, et Rubruquis, mentionnant leur aptitude musicale, qualité d'ailleurs qui distingue jusqu'à présent les habitants de Casgar et de Khoten, observe que les Nestoriens chrétiens, dispersés depuis plusieurs siècles en Asie, avaient adopté de ce peuple son écriture igourienne , au préjudice de leur propre langue et écriture syriaques.

(1) ~~Les Montagnes , comme on sait , produisent vite une multitude de dialectes.~~

(1) Les montagnes, ~~comme~~ comme on sait conservent les langues des grands peuples, mais font dégénérer celles de petits noyaux et produisent vite une multitude des dialectes.

Ce témoignage étant conforme aux traditions
turques appuyées par l'historien mongol, Abou-
Gazy Bahadour-khan, sultan de Khavarism, sur
l'existence, dans les temps les plus reculés, d'un
code de lois turques, *Iassa*, antérieur au code
d'*Ouloug-iassa* de Djengbizhan, nous n'hésitons
pas à citer quelques indices historiques sur les
anciens Turcs et sur leur civilisation.

Nous avons déjà mentionné que l'aryanisme caractéristique de la langue turque paraît avoir été
connu par les conquérants ou colons sémitiques
de Cecrops, dès leur établissement dans la Grèce
actuelle. On pourrait ajouter à cet aryanisme, l'a-
visme des villes de Thrace, de Macédoine, de
Mœsie et de Dacie, remplaçant le *drisme* et le
trisme thraco-dardanien ou étrusque des anciennes villes d'Europe. Ortellius compte une quaran-
taine de villes plus ou moins anciennes, dont le
nom est terminé en *ova* et *ava*. Selon nous, il
aurait pu en trouver une centaine, terminés en
tria, trium, dria et *cum*; par exemple : *Tourn-
ova*, en Thrace; *Tourna-cum*, en Gaule; et
Su-trium, en Etrurie. Aujourd'hui, il y a plusieurs centaines de villes et de villages analogues
en Turquie et en Turkestan : *ova*, signifie vallée ; *dere*, un bassin d'eau quelconque; et *koum*,
une commune ou un village.

Parmi les diverses hypothèses plus ou moins

hasardées ou admissibles, pourquoi ne pas placer
la conjecture , que jadis au cri de guerre *alalala!*
des Hellènes, les anciens habitants de la Thrace
et de l'Attique répondaient par celui de *beraber !*
tous ensemble ! alignement ! ou *barabar* ! comme
le prononcent aujourd'hui nos Thraces d'Asie ?

On a reconnu récemment qu'une civilisation
antérieure à celle des Hellènes , et peut-être à
celle des Phéniciens, avait été répandue dans la
Thrace d'Europe et d'Asie, en Italie, en Gaule , et
paraît-il, même en Espagne et en Afrique; et que
les Hellènes ne firent qu'inoculer plus tard à cette
civilisation , celle des Egyptiens et des Phéniciens. Aussi, selon Strabon, ce furent les Thraces
qui formèrent le premier noyau d'Athènes, et on
sait que cette nation qui , selon Eustahe, a produit
Linus, Musée, Tamiris, et qu'illustrèrent Thuci-
dide et Phèdre, donna aux Hellènes sa civilisation, par Orphée, et sa religion , par Eumalpe ,
fondateur des mystèr s d'Eleusis.

La Genèse en faisant entrevoir que Tyres , fils
de Japhet , était le père des Thraces , n'exclut de
cette filiation ni les Tyriens; ni les Turcs; d'autant
moins, que la rivière Tyras: (Dniester) coule en
Touroscytie, et que la ville de Taraz, en Turkestan, une des plus anciennes villes du monde ,
correspond à celle de Tharso, voisine de la Cilicie,
Trachéotide ou Trakéotide. Pareillement, la Bible

(Mahab 8, 6), en appelant les Macédoniens *Ce-tiani*, n'a pas exclu de cette dénomination les *Setiani*, établis selon Ptolémée assez près du Volga, d'autant moins, que leur ville Seta, répond à celle de Setia des Volsques, en Etrurie, à Setia, dans la Taraconnaise, et à Setium, dans le pays des Tricastes, en Gaule.

Observons surtout, que si les Hellènes appelaient la Thrace *Thrakia*, la Dacie, *Dakia*, et leurs habitants, *Thraks* et *Daks*, ces deux prononciations conviennent aux multiples dialectes turcs. Si l'on demande, en effet, à un Turc du peuple sa nationalité, il répondra toujours au pluriel : *Osmanli-is*; un Turcoman, dira: *Osmanli-ikh*, et un Monastyrli : *Osmanli-sque*. C'est ainsi que les Toures produisirent Turis, Daghis, Turusques, Thuringes, Turcilinges; Jassykh ou Jasyges, Sousykh ou Syzyges, Gourykh etc.

Donc, si l'on prend en considération la règle reconnue aujourd'hui de ne pas appuyer sur les voyelles dans les investigations historiques, on conviendra que le mot vulgaire *turc*, qui s'écrit chez nous *trk* et se lit *terk*, Terek, rivière, Tarki, ville: Tuarik, tribu barbaresque, illustrée peut-être par Tarek, conquérant de l'Espagne, Trachinie de la Thrace méridionale et Thrachinie d'Etrurie ; Troki, ancienne capitale de la Lithuanie, et Troki, royaume seldjukide, près des ruines de

Troie; Throana, ville de Ptolémée, en Turkestan ; Throani ou Turcs orientaux et Troiani de Troie, fondée par Tros, dans la Thrace asiatique ; Touran et Touraine des Tourones, en Gaule; Dardaniens de la Thrace d'Europe et de la Thrace d'Asie; les deux célèbres villes d'Issidon, de Touran, Sydon, alliée de Tyr, et Sidons, tribu des Bastarnes; Tyriens et Tyrrhènes d'Etrurie etc. ; on conviendra, dis-je, que ces mots ont des analogies qui doivent avoir une raison d'être.

Laissant à part le turisme insignifiant moderne des Thures ou Thuringiens et des Turcilinges, alliés d'Attila, il est surprenant que le turisme des anciens, qui ne se trouve nulle part dans l'histoire des Juifs et des Egyptiens, caractérise à peine la civilisation, pour ainsi dire, étrusque de l'Europe, et surtout celle d'Italie, pays qui, comme on sait, avait porté successivement les noms de Saturnie, d'Enotrie et d'Etrurie. Ce Saturnus qui, après avoir été dépossédé de l'empire du monde, civilise, avec sa femme Rea (Rha, Volga), le Latium, et y fait régner l'âge d'or; ce Turnus, vaincu par Enée, héros qu'on adorait plus tard sous le nom de Jupiter Indigète; ces Centaures et ce Mintaure, vaincus de la mythologie hellénique; ces fables de la louve Zena, allaitant les deux fondateurs d'un nouvel empire et *les récits* ~~racontant~~ des enlèvements de femmes, fables enregistrées par les historiens chinois , tout cela n'aurait-il pas une signification historique ?.

C'est M. de Guignes (2. 371) qui, d'après Ven-hien-tum-kao, Soui-chou et Tamchou, cite cette fable de la louve, sauvant Caïan et son consort. On se rappelle qu'un nom analogue, *Caius*, était très commun chez les Romains, et rappelle leur formule matrimoniale : *Ubi tu Caius ego Caia*. Il est indubitable aussi, que le nom de Zena et d'Asena étaient très communs dans plusieurs dynasties des Turcs, comme celui de Cai , dans l'ancienne dynastie touro-aranienne des Caïaniens , que les Persans prétendent être ispahanienne (1). Il est notoire aussi, que la tête d'un loup au bout d'une lance était l'enseigne des khans turcs. De Vignes, cependant, a tort de rattacher cette fable aux conquêtes des Turcs orientaux; car, il est évident que Toumen , le premier conquérant des Huns, et Toumen, le premier conquérant des Caïanites orientaux , certainement postérieurs , ne sont que le même héros fabuleux , vivant selon les Chinois, dans un temps antérieur aux temps historiques de la Chine.

Selon Aboul-Gazy, si l'on suit la série des successeurs d'Oghouz, jusqu'à la catastrophe d'Il-khan, l'antiquité de cette fable devient bien pro-

(1) Voyez la deuxième note à la fin de cet écrit,

bable; et puis, en fait de données de l'histoire critique, que signifierait cette nation des Tyrrhènes
d'Italie, trop grande pour être un établissement
de Tyriens ou Lydiens, ces Taurini, Turones et
Turduli, qui possédaient d'anciennes villes, et ces
Taures, qui occupaient la moitié de l'Europe et de
l'Asie ? Ces peuples, portant des noms presque
identiques, ne désigneraient-ils pas l'existence
d'une nation puissante et distincte, ou celle d'un
noyau générique touro-celtique ?

Que signifient, en effet, ces lucumons ou rois
étrusques , Tarquins et Tulumnius, qu'on croirait
à tort de la dynastie turque des Touloumnides ?
Mais ces lucumons , qu'on trouvait jadis dans chaque ville étrusque, ressemblent aux Uıkunoms *,*
qu'on voit aujourd'hui dans chaque *aoul* tatare ,
et le mot *uikunoms*, en dialecte des Turcs orientaux *,* se traduit par *ulucunoms* , l'adjectif *ulug*
signifiant grand ou chef?

, Voyons enfin, la nationalité des villes Tarquinies , aujourd'hui Turchina , de Terracine ou
Trachin et de Volsinie, qui ne parle pás la langue
du Latium, comme les Thraces ne parlent pas celle
des Hellènes, et qui possédait une très ancienne
écriture , qui pouvait être une modification de
l'écriture igourienne ; ces Tarquiniens ou Turkıni,
qui, à l'instar des Eumalpes de la Thrace, donnent

aux Romains leur civilisation , l'art des anciens Ouigours, celui des augures et des auspices, et leur *deo sabinite,* Vulcain. Le mot *augurium* est bien étrusque, ou plutôt turc, et son interprétation , comme *avium garritus,* est des plus gratuites. Bon présage, bonheur , se dit en turc *ougour* , dérivé des anciens Ouigours, dont nous avons les verbes *eugrenmek* et *eugretmek,* (apprendre , et enseigner), c'est-à-dire , devenir et être Ouigour ; et pour ôter tous les doutes, remarquons que les entrailles qu'observaient les augures romains , s'appelaient *gigeria,* mot qui n'est que le *Djigueri* turc, c'est-à dire foie et viscères , qui portaient encore chez les Romains le nom profane de *jecur.* Quant aux *auspicia* des Latins , c'est-à-dire les présages pris sur le vol des oiseaux etc., ce mot se compose de *av,* en turc chasse, ou plutôt tout ce qui vole et s'enfuit; quant aux diverses manières de voir, en latin, *aspectus, inspectus, prospectus,* ils ont pour racine le mot turc *bak, vois,* à l'instar de diverses manières de marcher et d'entrer en latin, *ingredi, aggredi, egredi,* qui correspondent au verbe turc , *guirdi,* qui veut dire, a marché, est entré.

Les Tarquiniens donnèrent encore aux Romains leurs lois *jus* , rappelant les *iassa* ou *djassa,* car les Turcs orientaux prononcent le *i* turco-allemand par *j*. Observons que les Turcs ont un mot

incompréhensible, *iassak*, voulant dire, il est dé-
fendu de la part de l'autorité, et qu'en turc le mot
djuz, signifie une partie d'un livre, d'un cahier,
d'un volume, et en tatare, outre cette signification,
il signifie tribu, organe.

Outre leur organisation militaire touranienne
par décurions et centurions, les Étrusques donnèrent aux Romains leurs *comitia*, comités, dérivés du mot *koum*, en turc *commune*; leurs as-
semblées curiates et leurs magistratures curules;
rappelant les *kuryls* ou *kurul*, c'est-à-dire curies,
lieu écarté officiel et religieux d'un campement
tatare ou calmouque, et les *kouriltai*, diètes gé-
nérales, sénat électif des successeurs de Djendjiz-
han.

Observons encore que les *koums* ou communes
turques, diffèrent de *kom*, c'est-à-dire comte,
titre que les khans turcs ou les empereurs turco-
chinois donnaient parfois aux chefs des tribus; il
faut ajouter aussi que l'autorité capitoline correspond quelque peu à celle de nos *kapou* orientaux. Tous ces traits d'analogie ne décéleraient-
ils pas l'histoire de révolutions inconnues dans lesquelles la puissante race touro-aranienne, après
un brillant apogée, aurait disparu finalement
dans l'empire des Romains ?

Il est d'ailleurs d'autant plus difficile d'imaginer une raison plausible pour rendre cette

hypothèse inadmissible, que parmi les populations de l'Italie, représentant toutes les branches japhétiques, savoir : celtiques, gétiques, slaves dardaniennes etc., nous voyons les Sabelliens, les Sabins ou Samnites d'Italie correspondre aux *Samnitæ* scythiques de Ptolémée, et que les Sabires et Samens du Turkestan étaient le même peuple selon de Guignes, qui cite Cedrenus-Calliste, Théophane le Confesseur et Priscus. Autrement, que signifieraient ces tribus Volsques, Ausones, Osci ou Osques, Casci ou Casques d'Italie, analogues aux Auxacii (d'Aksou) Ascani (d'Uzkiend) Casii (de Casgar) Erymi, Rhymnici, Emodi etc., de l'Asie centrale ?

Observons enfin que nous n'avons pas besoin d'appuyer sur l'analogie trompeuse de mots innombrables, comme Sutrium, Astura, Capoue ; Volturne, Minturne, ni d'insister sur la coïncidence de deux Adria, sur les bords d'une mer (Dori) (1), ni de compter les rivières Tur, en Hongrie ; Thur en Thurgovie; Turia, dans le pays des Turdules, en Espagne; correspondant à la riviere Toura, en Touran ; ni d'énumérer enfin les montagnes des Taurus, en Europe et en Asie. Le turisme en Europe est trop général pour pouvoir être expliqué

(1) Mer en turc, et en persan *deria*; chez les Tatares, *deria* signifie aussi fleuve, *Yarkend-deriasy*, dans le Turkestan chinois, Amou-deria ou Oxus. *Deré* signifie bassin d'eau, ravin; *derin*, profond.

par *turris* tour; tourner, en latin *gyrare*; et *tres* ,
trois. Ainsi, nous avons en Etrurie, des Tyrrhènes
et des Taurins, les villes Tauriana , Turricium ,
Tarquinies, Terracine ou Trachin, Toro , Tauro-
menium, Tricarico, Torci, Thurium, Capoue, Caraceni , Soutrium, Caramanico, Carmagnole, Ture-
num, Tarantaise, Torcelle, Taurasia ou Augusta
Taurinorum, Tarus etc. Dans le pays des Astures,
des Turdetans et des Turdules (en Espagne) : Tu-
riaso ou Tarrazona, Tarraco, Taraconnaise , Tar-
tessus, Touria, Toro, Douro ou Durius, Altura ,
Ili-turgis , Iturissa, Asturies, Astorga etc. En
Suisse et en Tyrol: Turicum , Thurgovie sur le
Thur etc. En Autriche, Tarnopol, Carodunium ,
Tergeste, Tragurium, Tyrnau, Tur, Turkevi, Thu-
rocs etc. En Allemagne, Torgau, Torne , Thor-
seng, Thuringe etc. En Grèce et en Thrace, Thy-
rée, Tirynthe. Etria, Samothraki, Thera ou Santo-
rin, Thronium, Tourn-ova, Tricca, Trachin , Tyran, Drin, Tauresium etc En Gaule , dans les
contrées des Taurones, des Tricasses, des Tarbelli,
des Tricastins, des Tricori, des Trinobantes , des
Bituriges et des Cadurques: Turones, Tarare sur
le Turdin, Tarascon, Caraman, Carcaso, Targon,
Terouanne, Thorigni ou Augusta-dura, Duranius,
Tarn, Tornodurum, Durantasia, Torcy , Durocas-
ses, Cadurqui, Turcoing, Tournon ou Tourno-
magensis vicus, Trecæ ou Tricasse ou Troyes ,

Trucy, Truccia, Dournovaria, Avari-cum, Turenne, Tournus ou Turnicium, Turnacum, Turkheim etc.

Nous épargnons au lecteur le turisme de la Tauroscythie et de l'Asie. Ce qui est cependant étonnant, c'est que pour assigner à la civilisation qui a présidé jadis à la création de toutes ces villes, civilisation démontrée par tant de monuments incontestab'es, on ne peut que choisir entre les Dardaniens, les Tyriens, les Troiens, les Tyrrhènes, les Tarquiniens d'Etrurie, les Thraces, les Tosques et les Etrusques.

Nous demandons : ce touro-aranisme qui, à l'instar de l'*ero-manisme* de la langue des Germains, caractérise les langues celtiques influencées plus ou moins par le noyau étrusque ou latino-étrusque, ce turisme divinisé par la mythologie scandinave dans le dieu Thor et As-Thor, et vivant dans les chants des anciens Bardes, sur les exploits des guerriers de Tour, ainsi que dans les haines russes et hellènes, exprimées par les mots injurieux de tyran (1), *tourak* et *dran*, répondant aux mots injurieux *sclav*, *serv*, *vlak*, et *niemets*,

(1) *Tyran*, *tygran*, paraît signifier prince, roi des Turcs, des Parthes et des Armeno-Parthes. Il est notoire que *tourkhan* était une ancienne dignité turque, répondant à celle de gouverneur ou prince, et *tourakina* était la dénomination des princesses et des impératrices:

ce touro-aranisme ne serait-il que l'effet du hasard ?

Nous ne le croyons pas, d'autant moins que, outre le tourisme des mots latins, comme ama-*tor*, ara*tor*, isn*tructor*, lec*tor*, ou*tre* l'énergie, le nombre des cas et la syntaxe, analogues dans les deux langues latine et turque, il y a une ressemblance frappante dans la conjugaison des verbes, comme on le voit dans le tableau suivant :

Verbe être	Eléments d'être	Verbes passifs	Eléments d'avoir	Verbe actif
Latin	Turc	Latins	Turc	Latin
m	im	r	im	i, o, m
s	sen	ris	in	s
t	dyr, tyr	tur	i	t
mus	iz	mur	muz	mus
tis	tiniz, iniz	mini	iz	tis
nt	dyr, tyr	ntur	lar	nt, re

Voici pour exemple le verbe saisir, en latin *capere*, en turc *kapmak* :

Cap*io*, kap*io*rim, cap*ior*, kap*ior*um, cap*tus* sum, kapylmich*im*, cap*tus* es, kapylmich*sen*, capi-*tur*, kapylmakted*dyr*, capti *eramus*, kapyldy*muz* var, capti su*mus*, kapyldy*muz* oldou, cepi*stis*, kap*tiz* ou kap*tinis*, cape kap, cepi*ssem*, kap*sam*, capia*tur*, *k*apylmali*dyr*; et en outre captare, en turc *kapylmak*, capessere, *kapychmak* ou *kapylmak*, capturer, *kaptyrmak* etc.

Observons ici pour les personnes connaissant l'esprit de la langue turque, que pour comparer les deux langues, il faut aussi entrer dans l'esprit de la langue latine , sous-entendant toujours le verbe avoir à l'actif et le verbe être au passif , et n'être pas exclusif pour quelques formules indiquées dans les grammaires turques.

Quelle grammaire saurait rendre les nuances infinies du verbe turc ? Il faudrait un volume entier pour conjuguer un verbe seulement , à la formation si ingénieuse, si simple, si riche et si régulière: aussi, pour rendre la ressemblance plus palpable, il faut se servir des formes les plus populaires. Le peuple turc a sa grammaire à lui, qui s'approche plus des langues parlées en Europe , que celle parlée à Constantinople; ainsi, au lieu de dire *guormedim*, je n'ai pas vu, les Turcs disent *guordimuz iok*; au lieu de *guoruliorum*, on me voit, il dit *guorulmelteim*, je suis en vue; au lieu de *guordim*, j'ai vu, il dit *guormichim*, ju fus voyant; et puis, on sait que nous déclinons presque les substantifs dans le sens possessif comme les verbes; ainsi, *babamuz var*, nous avons père, *guordyniuz var*, vous avez vu, au lieu de *guordyniz*, ayant la même signification. Je préviens en outre le lecteur, que des deux dialectes turcs, dont un se caractérise par *iz* , et l'autre par *ikh*, je me suis servi du premier comme le plus reçu , et si les combinaisons dans la conjugaison sont innombrables, leurs éléments étant toujours ceux portés dans le tableau sus-indiqué, on y remarque une analogie des deux langues, latine et turque, assez singulière.

Après la langue latine, le grec tenant le deuxième rang sous le rapport de la ressemblance avec la ~~conjugaison~~ *langue* turque, pour expliquer ce phénomène faut-il en chercher les causes dans les sources du sanscrit? Les Slaves et les Indo-~~germains~~ *teutons*, cependant, ayant beaucoup moins de ressemblance sous ce rapport, il serait peut-être plus logique d'expliquer ce fait par le contact avec les Romains et les Hellènes de la race étrusque et thracienne, de la race puissante dont la langue, malgré tant de vicissitudes, malgré les massacres de Gjenghiz-han et la russification moderne, se parle de l'Adriatique jusqu'au fond de la Chine ; de la race enfin, dont le verbe est aussi vaste dans ses nuances que l'étendue du pays ou elle avait pris racine.

En tout cas, observons que si les terminaisons des verbes latins paraissent être privées de signification, cette circonstance n'existant pas toujours dans les terminaisons de la langue turque, qui aime à se servir des participes, il s'ensuit que selon l'esprit de cette langue, nous comprenons le latin leg*imus*, comme lecture, *que nous avons*, et le mot ama*tur*, comme les Français qui traduisent ce mot par *il est* aimé. L'identité donc de la terminaison latine *tur* , avec *il est* français, ne pouvant être mise en doute, et d'un autre côté, le verbe latin *est* (dans sa signification proprement dite et non possessive) correspondant à la locution turque *dyr* , *tyr* ou *tour* (comme on le voit dans les exemples *juvenis est,* il est jeune, en turc *djyvandir*; *non est,* il n'est pas, en turc *ioktour*), il serait peut-être possible d'expliquer le tourisme des langues de l'Europe dans les dénominations des arts, des métiers et des professions sociales. En effet, les noms latins *doctor, imperator, sculptor,* analogues à ceux de *docens, imperans, sculpens,* se caractérisèrent peut-être comme continuellement qualificatifs de l'état de ces hommes , en ajoutant à ces derniers mots la terminaison *tor* , signifiant *celui qui est* , à l'instar de la terminaison de *hauptman* et *kaufman* allemands, qui peut se traduire par *er ist* (haupt) etc. Qui sait si jadis le nom d'un tour ne signifiait pas l'homme , comme *er* et *man?*

Notons cependant, que quant à ce tourisme des langues d'Europe, celui-ci , outre l'idée de l'être , renferme aussi celle de l'activité et de l'empire, ainsi, par exemple, le verbe latin *curare,* avoir sollicitude , anxiété et arranger , correspond au verbe turc *kourmak.* En y ajoutant la lettre *t,* comme le signe de la relation (observée dans la formation des verbes latins *capere* et *captare*), nous obtenons le verbe turc *koroutmak*, c'est-à-dire soigner, d'où les noms *curator* latin, et *kratos* grec. Ce verbe *koroutmak*, soigner, devient effectif dans le verbe *kourtarmak*, c'est-à-dire sauver; il devient impératif dans *kourtartyrmak*, c'est-à-dire faire sauver, et dans *kourdyrmak*, c'est-à-dire ordonner qu'une chose compliquée s'arrange, verbe correspondant à celui de créer, *creare*, parce qu'on dit chez nous, au passif, *dunia kurulali berou*, c'est-à-dire dès la création du monde.

Le lecteur a remarqué dans les exemples susmentionnés qu'il y a des mots communs dans les deux langues latine et turque. Il y en a beaucoup; cependant la langue turque est extrêmement appauvrie par l'invasion du persan et de l'arabe dans sa littérature. Nous n'en citerons pas beaucoup d'exemples de peur d'y mêler des mots indogermaniques, comme *peder*, pater, *meder*, mater etc., quoique (on le verra ensuite), le prétendu indo-germanisme ne soit que l'arianisme japhétique. Voici cependant quelques mots, dont une partie nous paraît avoir été empruntée par les Romains à la civilisation étrusque, le reste ne prouvant que l'identité de l'esprit et de l'origine des deux langues; on y verra que, si les procédés partout analogues de l'industrie humaine accusent un enseignement commun, la langue des arts et des métiers n'est qu'une.

Je préviens le lecteur que dans les exemples ci-après , les mots désignés comme tatares, ne signifient que ceux du dialecte turc oriental , que j'emploie ici comme moyen de vérification des mots turcs : on sait d'ailleurs, que les Tatares ne sont qu'une partie des Turcs, qui subirent au treizième siècle l'alliance ou plutôt le joug des Mongols.

Cour d'une maison, en tatare kora , en latin *aula,* en grec *aulé* , en turc *avlou,* dérivé d'*aoul,* place, village.

Le mots *ville, village,* dériveraient donc d'*aoul,* et non pas les *aouls,* des villages.

Commune, en latin *comitium* en turc koum, en grec kômy, ou bourgade, en polonais *gmina,* dérivé de *gemein* allemand, c'est-à-dire commun.

Compagnon, en latin *comes,* en turc komchi, ou voisin, en slave *koum* , ou parrain. en grec kô-môs, ou réjouissance publique, et probablement aussi *oikoumenikos,* œcuménique.

Quoique le mot *société* corresponde assez bien au mot turc *soz,* parole, conversation, d'où le nom latin *socius* , compagnon , nous aimons mieux société, appelé en grec *koinônia* (κοινωνία) , dérivée de *koinoun* turc, ou sein, giron (de l'humanité), et pour prouver que *koinonia* est un mot véritablement turc, observons que le mot turc *koi*, *koilu*, correspondant au grec *koilos*, signifie lieu abrité, interne, concave; que le verbe grec *koino-mai* est identique avec *ouikounmak*, ou dormir, et que le grec *koilopono*, enfanter, correspond à *koulonmak* turc. Aussi, nos villages portent le nom de *koi* ou *kioi*, et ce mot invite le voyageur à y mettre le pied, *koimak*, et à y devenir *konouk*, ou hôte, à l'instar du mot latin *gyrus*, ou giron, qui invite à y *guirmek*, entrer. Naïve idéologie des temps primitifs !

Maison, en slave *dom*, en latin *domus*, en turc *dam*, signifiant maison en général, toit en particulier, abri artificiel, lieu couvert, maison villageoise. Nous trouvons ce mot en grec dans le verbe *oikodomo*, construire (1), *etc.*

Toit, en latin *tectum*, ou couverture, en turc *tahta*, ou planche, en tatare *takta*, en polonais *dakh*, ou toit, en grec *théké* et *apothéké*, signifiant magasin, et en turc *tékié*, abri des derviches. Ce mot d'ailleurs appartient à toutes les branches arianiques, il paraît dériver de *takmak*, en latin *tegere*, mettre dessus.

Tuile, en latin *tegula*, en turc *toula* ou *tougla*, en grec *toubula*, en polonais *tsegla*, ou brique.

(1) Observons que les mots techniques turcs ont presque toujours un sens explicatif : ainsi *dam*, ou maison, indique la préservation de *damla*, ou de la pluie.

Colonne, en latin, *columna*, en grec *kolonna*, n'est que *kol*, bras, poteau , mot employé diversement dans l'architecture turque et dans l'armée , où *kol.* n'est que la colonne française , et par conséquent, les colonels ne dérivent pas des colonistes, mais des *kols* , ou colonnes d'armée. Les Latins, enfin, par le mot *acolytes* , c'est-à-dire aidants et suivants à côté , et les Grecs, par le mot *akoloutia*, ou suite , ne comprenaient que l'usage des bras.

Dans l'architecture, en effet, tous les mots rappellent quelque chose en turc; ainsi base, *basis* , en turc *basama*, partie basse et horizontale d'un édifice pour marcher dessus et dont la construction est calculée sur la gravitation, ou *basmasy* de l'édifice entier; le verbe *basmak* , signifiant en turc graviter et appuyer dessus, presque peser.

Ciment, en latin *cœmentum*, ne paraît être que *tchymenty* , c'est à-dire , chose broyée avec les pieds, formé du verbe *tchynemek*, fouler.

Capital dériverait de *kap* , *kafa* en turc, en latin *caput*, en grec *kefalé*, tête.

Fondement, en grec *themelion* , en turc *temel* et fonder une ville, en latin *condere*, en turc *kondyrmak*, ou faire mettre debout une chose qui n'y était pas ; ainsi, nos grandes maisons s'appellent en turc *konaks*.

Arc d'une arcade, en grec *kamara* , chambre ,

en turc *kiemer*, signifie ceinture et voute, et dans toute l'Asie où la race turque existe, on ne donne le nom d'*arkh* qu'aux différentes espèces d'aqueducs. Observons, d'ailleurs, que l'ancienne arme de jet, l'arc, en latin *arcus*, ferait à peine comprendre en turc qu'elle était portée derrière (*arkade*), les Turcs appelant l'arc *jaï* ou *iaï*, mot qu'on reconnaît dans le verbe latin *projicere*, jeter, et dans *jaculum*, javelot, comme on reconnaît la flèche, *ok*, dans tout ce qui est *acus, acuus, oxos*, aigu, et aiguille en latin et en grec. Quant aux voutes, il est notoire que les Egyptiens, et même longtemps les Phéniciens et les Grecs, n'en connurent pas l'usage, et il faut chercher leur origine en Assyrie et même plus loin; aussi, le nom des coupoles, en turc *koubbe*, est éminemment turc, rappelant le fond concave d'un vase et sa superficie convexe.

Char, en latin *carrus, carruca*, n'est que le *karutsa* turc. Les Slaves appelaient quelques tribus turques *kotzovy*, à cause de leurs coches, et les Chinois, selon M. de Guignes, appelaient une tribu des Tou-kichi du nom de *Kao-tsao*, à cause, dit-il, de leurs voitures, ou *karoutsa*. Il est notoire, d'ailleurs, que les Romains, au temps de leur splendeur, modelèrent leurs chariots sur les voitures de nos Basternes, d'où les fameuses *basternes* romaines. Le timon d'une voiture s'appelle en effet, en Asie, *dumen*, en latin *temo* , et les Tatares appellent les pièces d'attelage *cocher-aghadji*. Chez nous, on dit à son cocher: *kotchy-kochtour*, c'est-à-dire *attelez le coche*; et puis , *kotch-kochior*, le coche roule avec vitesse, et *ko-choum*, attelage. .

... La charrue, nommée aussi en latin *carruca* , rappelle par son *soc*, le *sokma*, fer de la lance aratoire , et par son *sep* le *saban* turc, petite charrue. Ajoûtons à cela, que le verbe latin *arare* , trancher la terre, ~~n'est que le mot~~ turc *iarmak* , ou trancher, d'où le slave *orat* , et le grec *aratron*. On conviendra aussi, que *jugum* latin, *zygos* grec, *ioug* russe , joug, ne sont que le *iouk* turc , en tatare , *djuk* , ou charge des animaux. . Le doute, sous ce rapport, n'est pas permis , parce que *zygisô*, en grec, signifiait peser, et les *zygi* n'étaient que les poids que l'on mettait dans la balance, appelée aussi *zygaria*, faute d'une langue scientifique.

Observons encore que bœuf, en latin *bos,* en grec *bous* , s'appelle en turc *bouzak* , en tatare *bzau,* en touro-aranique *okiouz*: et vache, en latin *vacca*, *juvenca,* *junix* , s'appelle en turc *inek* ou *djinek*. On conviendra aussi, que le dieu de l'agriculture, Triptolème; et la déesse Cérès, en grec *Demetra*, qui rappelle les *demetes* turcs , ou les gerbes de blé, paraissent être d'origine étrusque.

'La preuve de cette assertion est qu'il y a en latin deux verbes éminemment étrusques : le premier *serere*, semer, en turc *sermek*, c'est-a-dire étendre par terre avec un certain ordre, et en général, étendre sur la surface de quelque chose. Ce verbe a un *supin* slave *satum*, répondant à *siat*, en slave, semer (1).

L'autre verbe est *serpere*, en turc *serpmek*, c'est à-dire étendre çà-et-là, disperser, d'où le *sperma*, ou semence grecque, en turc *serpma*, c'est-à-dire une poignée de graine jetée à la volaille.

En outre, cultiver, en latin *colere*, correspond en turc à *kol*, bras, ko*llamak*, soigner, et à kou*lanmak*, employer, utiliser avec soin; on dit avec reproche: kou*lanmali* ! c'est-à-dire *colendum est*. Il est vrai que les Turcs ne disent pas comme les Latins *Deum colere*, ou cultiver Dieu, mais, *Allaha* k*oullik etmek*, c'est-à-dire être objet de la Providence et la servir; parce qu'en turc le mot k*oul*, serviteur, n'est que le mot *colens*, ou plutôt *cliens* des Romains, embrassant l'idée de clientelle; il paraît même que le nom des colons romains avait une signification analogue, et quant aux Turcs, le mot de

(1) Pour le verbe semer, les Turcs emploient aujourd'hui le verbe *ek-mek*, *ek-in*, *ekiei* qu'on voit dans *ager* latin.

koullik n'est que le culte de Dieu, et le mot *kiolé* même, esclave, a une autre portée morale.

Cependant, comme pour désigner Dieu , nous nous sommes servi du nom arabe sémitique d'*Allah*, observons que les Turcs, outre leurs *devs ,* oublièrent presque leur divinité *Tchalab* ou *Celebe*, nom qu'on ne prononce jamais en société et dont on ne voit de trace que dans le titre de monseigneur ou *tchélébi,* c'est-à-dire divin. Il est probable cependant, que de ce nom dérivent les mots *célèbre, célébrer, celebrare,* c'est à-dire diviniser, faire l'office divin, et peut-être, *cœlebs* latin, ou l'homme voué à Dieu et au célibat. Ce n'est d'ailleurs qu'une conjecture faite à cause de la considération que le *cœlum* latin, ciel, ne paraît pas dériver du *koilos* grec (ou plutôt turc), signifiant creux, les habitants de la Saturnie ancienne , étant censés avoir connu le ciel avant l'arrivée des hellènes, et l'établissement de leurs comptoirs pour la traite des esclaves pelasges. Mais , voyons l'art de cultiver la vigne.

Rameau souple de la vigne, en latin *sarmentum,* en turc *sarma,* dérivé du verbe *sarmak ,* envelopper ou grimper, parce qu'elle grimpe sur les échalas (mot turc) et les treilles; d'ailleurs, la terminaison en *entum,* du nom *sarmentum* ou des sarments, est aussi turque, et répond à celle en *enty,* observée dans les noms analogues , comme *akenty,* courant, *salanty,* en latin *libramèntum,* balancement, *sykenty ,* en latin *tormentum ,* ou tourment. On voit que la formation de cette espèce de substantifs dérivés des verbes, est commune aux deux langues, latine et turque.

Cep de vigne , en turc *sap,* en latin *cippus ,* en tatare *chibouk,* en turc *tchibouk,* en grec *klema ,* en turc *bagh kalemy.*

Le nom de raisin répond à une espèce de raisin appelée *rezak ,* et le raisin , *uzm* turc, signifie à peine *zomi* grec, c'est à-dire son jus et suc délicieux.

Plante de vigne, en grec *fyteia* et *fyton,* en turc *fidan,* rappelle quelque peu le *vitis* latin , dans un sens plus général.

~~Coteau planté de vigne, en latin *collis,* en turc *kol (aghadji).*~~

Bois de vigne, qui n'est pas *truncus,* ou tronc, et qu'on nommait en latin *stirps, stirpis ,* rappelle les *tchyrpi* turcs, ou petits rameaux secs à brûler, et en général, les rameaux et les broussailles à faire du feu.

Le dieu du vin, Bacch-us, rappelle nos *baghdji,* ou vignerons, comme l'action de *biner,* celle de *bindyrmek,* élever.

Le *Bacch* et *bagh* sont d'une identité parfaite, à la prononciation près, et ce mot signifie la vigne, en Turquie d'Europe et d'Asie, en Perse, en Crimée , au Caucase, dans le Turkestan occidental et chinois.

Sape, en latin *sapa*, est bien le *tchapa* turc, et le *chapa* tatare, comme pelle, en latin *pala*, est bien le *bel* turc.

Pareillement, le roseau à écrire, en latin *calamus*, est bien le *kalem* turc: ce mot qui rappelle le calumet ou tuyau de pipe des indigènes d'Amérique, serait plutôt turc que phénicien ou arabe.

On sera d'accord que l'adjectif *kara* noir, est un mot éminemment turc, et si je ne me trompe, exclusivement turc. Ainsi, pour dire écrire, les Turcs ont le verbe *iazmak* ou *djazmak* tatare, mais le plus souvent on dit *karamak*, *karalamak*, *karama*, *karar*, littéralement noircir; aussi, le verbe *iazmak* suppose déjà une écriture formée, tandis que tous les écrits impromtus sont dits *karama*, et on a même une dénomination spéciale pour désigner une espèce de pièces qu'on nomme *tez-kiere* (écrits prompts).

Or, il est bien singulier que pour dénommer l'action d'écrire, on n'ait pas trouvé d'autres verbes que *grafô* et *gramma* en grec, *schraiben* en allemand, *scribere* en latin, *ta-hrir* on *ta krir* en arabe, *écrire* en français, *scrivere* en italien, *kire* en arménien, *chara* (kara?) en indou-thibétain, *kara-vermek* ou *karamak* en turc. Il est vrai que

cette analogie ne devrait exciter aucun étonne-
ment , car on sait que toutes les écritures alpha-
bétiques ont une origine commune, tous les alphabets commençant par *a, b, c.* A qui en appartient
donc l'invention ? On s'accorde à dire qu'elle est
due aux Phéniciens , différents des Philistins bi-
bliques; mais l'histoire critique confirmera que la
civilisation portant ce nom, rayonnait de deux éta-
blissements de Tyriens et de (Issidons) Sidoniens.
Pour prouver donc la nationalité de ces colonies
avant qu'elles adoptassent un des dialectes arabes,
servons-nous des exemples suivants :

Roseau, en latin *calamus,* en grec *kalami,* en
arménien *kirakrytch,* en turc *kalem.*

Ecrit, en latin *scriptum,* en turc *karatma,* en
arménien *kir.*

Ecriture, en latin *scriptio,* en turc *karatmasy,*
en grec *grafe,* en arménien *kirel.*

Papier (inconnu) , ou plutôt tableau , en latin
tabula, en turc *tabela,* en arabe *kyrtas,* en arménien *tuht,* rappelant peut-être *tahta,* ou planche en turc. Outre la signification de tableau dans
le sens de registre et programme, le mot *tabela* signifie en turc tout objet et ustensile plat.

Vers, en latin *carmen,* en turc *karama,* c'est-
à-dire écrit impromptu, écrit inspiré.

Caractère, en latin *character,* en grec *gramma,*
en turc *karattyrma,* ou pour ainsi dire, *karar*

olounan karama, le mot prétendu arabe *karar* , étant également turc, comme *gramma* grec , qui n'est que *karama*, mot bien turc.

Charte, carte, en latin *tabula*, en turc *tabela*, en grec *charta* , en persan *kyrtas*, et on pourrait dire en turc *karalty*, mieux que le *haryta* moderne.

Cédule, en latin *titulus*, en slave *tsedula* , en turc *tsetele*

Lettre, en latin *epistola*, en grec *epistole* , en turc *poussola*, d'où le verbe slave *pisat, pisali* , ou écrire.

Encre, en latin *atramentum*, à cause de sa terminaison presque turque , ferait soupçonner qu'il dérive de *derman* turc , signifiant toute composition médicale chimique; ainsi, *atramentum*, ne serait pour ainsi dire, qu'un *dermenty*.

Loi, en latin *jus*, en turc *djuz* , signifie une partie d'un livre, d'un cahier , d'un volume , la vraie *lex*, ou loi latine, dérivant de *ligare*, ou lier ; mais, n'oublions pas que *djazmak, djazy*, signifie aussi écrire dans le dialecte turc oriental.

Si l'on veut prononcer la loi *jus* , comme les Allemands, *ius*, ce mot ne serait alors que le *iaz*, *iazy* turc, en latin *iussum*, *iussa* ou *jussa* , les ordres écrits, rappelant les anciennes lois touro-araniennes *iassa* ou *djassa*.

N'est-il pas frappant , en effet, que la division

et la discordance qui existe en Europe , dans la manière de prononcer les mots latins, soit par *i* , soit par *j,* soit par *c* et *g,* soit par *k* et *gu* , ne provienne pas de l'imperfection des études philologiques au moyen âge, mais qu'elle ait sa source au fond de l Asie centrale , dans les dialectes des Turcs orientaux et des Turcs occidentaux ?

Mais si les Romains donnaient au droit, à la loi le nom de *jus,* ou *djuz* turc, pour désigner la collection des lois, ils empruntèrent un autre nom , code, ou *codex,* dérivant comme on sait de *caudex,* ou tronc d'arbre.

Chose singulière, les Turcs, eux aussi, appellent leurs lois, archives et registres du nom de *kutouks,* rappelant le *kytva* hébraïque, qui signifie en turc tronc informe d'arbre; et si on réfléchit que *codex* et *kutouks,* désignent les planches ou tables en bois sur lesquelles les anciens écrivaient leurs lois, on est autorisé à conclure que les livres , ou *kutoubs* arabes et phéniciens ne sont que des KUTOUKS TURCS ! . . . . . .

Las Tyriens de la Phénicie , formèrent à ce qu il paraît un alphabet sémitique , dont ils se servirent eux-mêmes et qu'ils donnèrent aux Hellènes. Cependant, ils possédaient un abécédaire, car ils nous ont transmis par les Arabes une formule mystérieuse, que chaque enfant doit apprendre avant de commencer la lecture du Coran ,

— 264 —

c'est 'à-dire : *abtched, havvez, houti, kielemen,
saffes, karaszet* etc. , lettre close pour nous ,
et qui ne paraît cependant être qu'un des abécé-
daires igouriens. Cet *abtched,* sans les accents
qui, en arabe, remplacent les voyelles , s'écrit :
abtchd, hvz, hti, klmn, sâfs, krszt. Admettant
donc, que la lettre *h,* du mot *hvz,* y ait été introduite
postérieurement par aspiration arabe et qu'elle ait
remplacé *efz* ou *efg,* on y voit l'ordre des sons ,
qu'on n'a qu'à comparer avec celui des alphabets
grecs , latin, arabe et surtout avec l'alphabet hébraïque, pour reconnaître cet *abtched* à peu près
comme le prototype de tous les alphabets, prototype que les Tyriens ont apporté du fond du
Turkestan , et dont ils ne peuvent probablement se
servir en Syrie (1).

En effet, la suite des lettres dans l'*abtched,*
y est presque la même qu'en hébreu et en grec ,
et quant au reste de l'*abtched,* savoir *sehhaz*

(1) Les lettres qui concordent avec la suite des sons
dans l'abtched sont celles de l'alphabet hébraïque :
*alif, betta, gimal, dale, e, vaf, zein, hef, tet, iot,
kaf, lamif, mem, nun, samah, ain, sad, kof, rasz,
szyn, tot;* de l'alphabet grec : *elfa, betta, gamma,
delta, epsylon, zyta, (H̄) éta, thita, iota, kapa,
lamda, mi, ni,..... ro, sygma, taf;* de l'abécédaire
latin : *a, b, c* italien *, d, e, f, g* italien et *j* français *,
i, k, l, m, n,..... q, r, s, t;* de l'alphabet
arabe : *elif, be,........ kief, lam, mim, nun,* (Voyez
page 300.)
de l'alphabet pehlévi : a, b, p, tch, d, h, v...z, h, th, i
k, l, m, n; s, kh, f, z, sch, t; les caractères igouriens enfin
peu sûrs et définis ~~commencent~~ ...ent leur a, b, tch, d....
k, l, m, n ....

dazykile fetebareki-allahumme ahsenil halikin,
outre quelques sons nouveaux que les Tyriens
formèrent postérieusement pour l'usage des différents dialectes, il y a une oraison arabe à la fin: Il
paraît même que les inventeurs n'ayant pas la
pédanterie des anciens corps sacrés, enseignèrent
aux Sémitiques l'écriture de droite à gauche; aux
Grecs, aux Latins et aux Parthes , la même écriture, de gauche à droite, et aux Mongous, de haut
en bas, ou plutôt, ce sont les corps qui voulurent
avoir des écritures nationales.

. Bailly, philosophe et martyr de l'idée, n'avait-
il pas raison d'affirmer que c'est au fond du Turkestan qu'il faut chercher l'origine de la civilisation du genre humain ?

Mais , poursuivons nos recherches sur la nationalité étrusque.

Trône, en latin et en grec *thronos* , ou siège
(royal), dérive évidemment d'*otouroum* , *otour-*
mak, c'est-à-dire en turc, siéger.

Il paraît que *thorus*, sur lequel Enée raconte
ses aventures à l'infortunée Didon (*doudou*),
dame, reine, n'était qu'un *tor* tatare, c'est-à-dire
place d'honneur, une partie du sofa, où il y a un
matelas de plus. Cette scène, imaginaire d'ailleurs,
se passait à Carthage, Carthago ou Caratagh, c'est-
à-dire la ville de la montagne noire (et non pas à

Cardagh ou montagne neigeuse), ville qui , comme on le sait , était une colonie des Tyriens.

Encens, en latin *thus*, en turc *tussy* et *tutsy* , ou application de l'encens. En grec , *thumiazo*, signifie enfumer.

Ballet, en latin *chorea*, en grec *horou*, en tatare et en turc *hora*, d'où en vulgaire turc, tatare et grec, *horata*, signifie amusement, plaisanterie en latin *joca*, en turc *chaka*.

Fourneau, en grec *fournellon*, en latin *furnus*, en turc *furun*. Dans le Caucase, on a deux espèces de fourneaux : *touroun*, c'est à-dire, endroit dans une maison avec une excavation au plafond , pour se chauffer étant assis, et *fouroun* , ou les fourneaux ordinaires.

Diverses espèces de pots et de poterie, en latin *capedo*, en turc *kap* en latin *cuppa*, en turc *kub* et *koupa*, en latin *testa*, en turc *teste* ; cette dernière est d'ordinaire en terre cuite, comme chez les Romains , et elle a parfois la même forme. En grec, on a donné le nom arabe aux potiers, en les appelant *kierameus*, c'est-à dire hommes miraculeux, d'où le mot *céramique* dans la technologie universelle. Observons ici, qu'en considérant cette dénomination de la poterie, on est bien porté à soupçonner que nos *technedji* , c'est-à dire les ciseleurs en bois, qui font de petits réservoirs pour l'eau appelé *tekné*, furent peut-être l'origine de toutes les technologies. Cela serait d'autant plus probable que par le mot de *tekné*, nous comprenons aussi nos vaisseaux, barques et bâtiments plus ou moins sculptés à l'antique, que les ciseleurs paraissent être les *tchizidji*, et les sculpteurs, faiseurs des *kaloubes*, formes et moulures, en grec *kaloupi*, *kalpi* et *glyptes*, et que les Hellènes se plaisaient à caractériser la peinture, par le verbe *thória*, *thóriazó*; la cuirasse par *thórax*, *thórakizó*, et la hune d'un navire, par *thórakeion*. En effet, la technologie turque est tellement identique à celle des Hellènes, que ce n'est que par la crainte de soulever des contestations intempestives que nous ne voulons pas nous servir d'une multitude de mots turcs portés par M. Koromela, dans son dictionnaire gréco-français, comme des mots proprement grecs, et puis il nous répugne d'analyser Homère et de le morceler en turc, en slave et en albanais. Nous préférons, sous ce rapport, la langue des Romains, comme moins exposée au soupçon d'avoir latinisé les Turcs.

Je préviens aussi le lecteur qu'il doit se tenir en garde contre les objections qu'on pourra faire, en disant que les mots cités plus haut ne sont pas turcs, mais persans ou arabes. Tout au contraire, je me sers d'une langue bien vulgaire et bien populaire, qu'aucun écrivain turc n'oserait mettre

sur le papier, et qui est parlée par les peuples
turc et tatare. La nation turque, depuis plusieurs
siècles, est affectée d'une plaie de persanisme et
d'arabisme officiel, Ce fut un Laze de Trébizonde
qui, sous Sultan Baiezid II, donna les règles à
l'orthographie turque, en opposition avec la prononciation générale et, tous les dictionnaires
appelés osmanlis, ne citent que des mots persans
et arabes, et omettent les mots turcs, comme gros-
siers et censés connus.

Aujourd'hui, on peut dire que la nation turque ne possède pas une langue littéraire nationale,
car le mot *baba* (père) lui est contesté, comme
persan, bien qu'il n'y ait pas d'autre mot turc
pour désigner l'idée de père, et quoique ce mot
soit bien européen, puisqu'il est usité à Rome.
Et cependant, le verbe turc est d'une richesse sans
exemple, et il y a une langue indépendante, individuelle, des plus caractérisées, qui se parle sur une
grande partie de notre hémisphère.

Les causes de cet état de choses ne peuvent
s'expliquer que par l'histoire, et en nous réser-
vant de revenir sur ce point et de montrer ce qu'é-
tait le persan dans la civilisation turco-aranienne,
continuons nos recherches sur la civilisation des
Etrusques.

Caissé, en latin *capsa*, cassette, *capula*,
bière, cercueil, *capulus*, dérivant ordinairement

du turc, *kapak*, *kapa*, *kap*, c'est-à-dire tout objet qui s'ouvre et qui se ferme.

Chandelle, en latin *candela*, correspond au mot turc *kandıl*, qui signifie lampe.

Chandelle de cire, *candela cirea*, en turc et en tatare, *tchira*, grande lampe, *tchirakma*.

, Les mots relatifs à l'éclairage abondent tellement dans la langue turque, que le lecteur peut être sûr que ce n'est pas la cire qui a donné le nom à nos *tchira*, mot générique ; ce sont plutôt les *tchiras* qui ont fait donner leur nom à la cire.

Cirque, en latin *circus*, correspond à *sargui*, dérivé du verbe cerner, en latin *cernere*, en turc *sarmak*.

· Chaise, en latin *scamnus*, en turc *skiemlé*.

Textile, linge, en latin *byssus*, *byssinus*, *carbasus*, en turc *bez*, *kar (guibi) bez*.

Coton, en turc *pambouk*, d'où le grec *bambaki*, et le latin *bombyx* signifiant souvent la soie.

Chanvre, en latin *cannabis*, en grec *kannabi*, en slave *konopie*, en turc *kynnab*, c'est-à-dire pelliculeux ou gaîne renfermant quelque chose, *kyn* étant la gaîne en français.

Tisser, en latin *texere*, en turc *lezgui dokumak*, en slave *tkal*. Le mot turc *tezgui*, et l'arianique *tezguiah*, signifient métier, atelier, littéra'ement chose à faire vite. Le peuple turc appelle aussi, chaque espèce de levier et de machine d'un nom très ancien , *mandjik* et *makara*.

Le symbole enfin des fileuses et des brodeuses, l'infortunée Arachné grecque, métamorphosée en araignée , en latin *araneus* , s'appelle en turc *erundjek*, et dérive du verbe turc *ermek* , ou broder, tisser.

Pareillement cerise, en latin *cerisus*, en turc *kires* , et châtaigne, en latin *castanea* , en turc *kiestane*, sont des noms identiques dans toutes les langues de l'Europe, ce qui n'est pas étonnant , parce qu'il est notoire que les arbres fruitiers et l'horticulture de l'Europe sont originaires d'Asie, et à ce qu'il paraît, de Balkh.

A cet égard, il faudrait redresser quelques nomenclatures savantes qui choquent extrêmement les oreilles des Orientaux.

Ainsi, l'étude du fruit , qui a reçu le nom soit-disant grec de *carpologie*, n'est en Asie, que *kärpouz lakierdysy*, c'est à-dire la parole concernant le mélon d'eau. Pareillement , l'herbe , en grec *botanos*, qui a donné le nom à la botanique, n'est évidemment que la corruption de *bostan*, mot qui, depuis la Bosnie jusqu'au fond de la Chine , en turc et en persan, signifie jardin potager, comme *karpous* signifie mélon-d'eau, et non pas les fruits des arbres. Cette observation est d'autant plus nécessaire, que beaucoup de ces mots, dans les langues primitives , ne sont pas dénués de sens. On pourrait d'ailleurs prouver que toute la technologie d'Europe, qu'on croit être grecque, ne l'est pas.

Notons ici, que la nomenclature latine est beaucoup plus individuelle et plus sûre que la grecque, qui, au moyen de ses prépositions, compile et amalgame les mots slaves : albanais et turcs. Voici quelques exemples de verbes que le grand peuple étrusque, vaincu par les Romains, a su conserver :

Le verbe latin *parler*, *loqui*, *locutus sum*, en grec *logos*, correspond à *lakyrdy (etmek)*, ou faire la parole, et ce mot est partout très usité, étant presque la base de la langue turque.

Le verbe latin *aio*, *ais*, *ait*, dire, correspond à *aïtysmak* en tatare, parler, et à *anmak* turc, mentionner.

Le verbe latin *dicere*, dire correspond au turc *dimek*, qui a la même signification.

Il paraît même que le verbe français conseiller, *consilium*, *dare*, dérive aussi de *seilemek* verbe turc, signifiant parler avec un certain bon sens ; ainsi, conseiller, ne serait que parler ensemble, tenir une conférence. Disons, enfin, que le verbe turc *konouchmak*, ou parler avec familiarité, est bien analogue au latin *cognoscere*, connaître, d'autant plus, que les mots turcs *komchi*, voisins, et *konouks*, hôtes ressemblent aux *cognati* et *comes* latins. On dit d'ailleurs, chez nous : *bou ademyle konouchmadym*, je ne connais pas cet homme.

Le verbe latin *sentire*, sentir, en le dépouillant du sentimentalisme, peu connu des Romains, et pris dans le sens de penser, être d'opinion, répond au verbe turc *zan-itmek* : les Romains disaient *sic sentio*, en turc *beile zan ederim*, ou telle est mon opinion : *in hac sum sententia,* en turc *bou zanynde im.*

Le même verbe latin *sentire,* dans l'acception d'impression intellectuelle produite par les sens, répond à *zyhn etmek* turc.

Pour les sensations matérielles, les Turcs se servent du verbe *douimak,* corrélatif au latin *tangere,* toucher, en turc *takynmak . dokunmak ,* verbe très ressemblant dans les deux langues à *tegere, takmak,* ou mettre dessus.

Délier, dissoudre, dénouer, résoudre, en latin *solvere,* n'est que le verbe *salvermek* turc; solvable, se dirait en turc *salverile bilen;* le latin *captivum solve ,* n'est que la locution turque *kapalyi salver,* laisse le prisonnier.

Souffler, en latin *flare,* en turc *uflemek;* ainsi, *fla ,* en turc *ufle.*

Diviser, séparer, en latin *separare ,* en turc *para para olmak, paralanmak , paralatmak :* le mot partie , en latin *pars ,* est bien le *partcha* turc.

Trembler, en latin *tremere,* en turc *titremek.*

Protéger, en latin *tutari*, en turc *toutmak*; ayant en outre la signification générale de tenir.

Hurler, en latin *ululare*, en turc *ouloumak*, *ouloulamak*.

Prévariquer, en latin *prævaricare*, en turc *avara olmak* ou *etmek*, le mot *avara* signifiant mauvais, inoccupé, frustré.

Tourner, *vertere* en latin, *tchevirtmek* ou *tchevirmek*; et renverser, en latin *evertere*, en turc *devirtmek*.

Dos, derrière, en latin *tergum*, en turc *terki*, *ters*; *tergiversari*, en turc *ters tchevirmek*.

Les verbes désignant les diverses manières d'appeler et de citer, en latin *citare, excitare, incitare*, semblent dériver de *tchirtmak*, citer.

Les verbes latins *inclinare, declinare, proclinare*, dérivent aussi du verbe turc *eguilmek, eguilenmek*, incliner, plier.

Les verbes désignant diverses manières de suivre, en latin *sequi, assequi, prosequi, consequi*, sont analogues en turc à *sekmek, tchekmek, sekilmek, sokulmak, sektyrmek, sekie sekie ilerlemek* : exemple : il suit la série, en latin *seriem sequitur*, en turc *syraï tchekmekte dyr* ou *syra sokuldy*; persécuter, en latin *persequi* : en turc *sykmak, sykychtyrmak*.

Si la langue primitive turque a peu de prépositions , on pourrait , prouver que plusieurs prépositions latines et grecques dérivent des verbes turcs.

Les verbes désignant diverses manières de couper, tuer, en latin *incidere*, *incisum*, *occidere* *occisum*, en turc *kismek*, *kiesym*.

Porter, en latin *gestare*, en turc *guetyrmek*, et le verbe latin *ferre*, porter, employé souvent dans le sens de donner, répond en turc à *vermek*; *versare*, à *verychmek*, *soui vermek*.

Ajoutons quelques exemples encore :

Accident, en latin *casus*, en turc *kaza*.

Vieille femme, en latin *anus*, en turc *ana*, mère.

Délire, en latin *delirium*, en turc *delilik*.

Coquemar, vase à chauffer de l'eau, en latin *cucumus*, en turc *gugum*.

Poulet, en latin *pululus*, en turc *pilidj*; corbeau, en latin *coracia*, en turc *karga*.

Très petit, mignon, en latin *minor*, *minimus*, en turc *mini*, *minidjik*.

Mesquin, en turc *miskin*; en latin *pessimus*, en turc *pis*.

Creux, concave, en latin *cavus*, en turc *kof*, *kovouk*.

Peu, petitement, en latin *parce*, en turc *bir partcha*.

Epaule, en latin *humerus*, en grec *omos*, en turc *omouz*.

Bouche, en latin *os*, en turc *aghz*.

Salive, en latin *saliva*, en turc *salia*, en turcoman *saly*, dérivé de *salmak*, *salvermek* ; en latin *solvere*.

Malade, en latin *æger*, en turc *aghyrlikli* ; ainsi, pour dire en latin le repos d'un malade peut-il être durable? on dit : *An graviter (æger) ægrotantis quies durabilis sit?* et en turc : *Aghyrdje (aghyr) aghyrlikliiun kieify doura-bilirmi?*

J'ai mal à la tête, en latin *capite ægroto*, en turc *kafam agryior*; je suis en sueur, en latin *sudore sum*, en turc *sou terdeim*; j'ai peur de la mort, en latin *mortem horresco*, en turc très vulgaire, *murt olmaktan korkarym.* J'observe ici, que le latin *sudor*, sueur, est bien *sou tery* turc, dérivant de *sou*, ou l'eau, comme on le voit dans les verbes latins *desudare*, en turc *souzmek*; *decapulare*, en turc *kaptan souzmek*, c'est-à-dire, décanter.

Total coordonné au chef, ordre, en latin *ordo*, en turc *ordou*.

Finissons par la ville de Rome, en latin *Urbs, Urbanus*, en turc *Urban*, tribu, rappelant celles des Ramnenses, Titienses et Luceres, en turc Ramnensy, Titiensy-iz et Lucery-iz, c'est-à dire, nous sommes de... etc.

Mais les traits d'analogie des deux langues turque et latine, ressortent surtout par la comparaison de leurs constructions grammaticales. Voici quelques observations sous ce rapport :

1º Les Latins et les Turcs possèdent le même nombre de conjugaisons : les premiers en *are*, *ere*, *ere* bref et *ire*, et les seconds en *arim*, *erim*, *irim* et *urim*. Si cette distinction n'existe pas dans nos grammaires, de fait elle existe;

2º. Les Turcs, comme les Latins, mettent toujours le verbe à la fin de la phrase;

3º. La graduation de l'action et sa modification dans les verbes, par l'intercalation de certaines lettres est identique dans les deux langues : par exemple *capere* et *captare* en latin, *kapmak*, saisir, *kapylmak*, capter, en turc; *capessere*, *kapychmak*, capturer, *kaptyrmak*, etc. Sous le rapport de ces nuances de la même action, le turc est une mine inépuisable, mais il serait trop long d'en parler;

4º La langue turque a plusieurs sortes de supin ; elle en a donné quelques uns à la langue grecque, ainsi que des particules et formations de substantifs, comme aussi la forme de son infinitif en *mai*, repondant à la désinence turque en *mak*. Le turc possède, en outre, les gerondifs: pa exemple, *tangendum est*, *dokunmali dyr*, *tangendus es*, *dokunylmali sen*, ou il faut qu'on le touche;

5º. Le participe présent se forme dans les deux

langues d'après les mêmes principes ; en ajoutant *ans* on *ens* à la racine des verbes latins; *en* ou *an* en turc : par exemple , *carpere, tchyrpmak;* rompre, cueillir, *carpens, tchyrpan, tcharpan;*

6º La formation des noms latins terminés en *tio* et dérivés des verbes, est analogue à celle des noms turcs de même espèce, terminés en *sy* : par exemple, *action, etmesy.*

7º La formation des noms latins terminés en *us* et dérivés des verbes , est analogue à celle des noms turcs de même espèce, terminés en *ych* et *uch*, avec la différece que chez nous toutes ces formations sont d'une application très riche : par exemple , *visus*, vue, en turc *guoruch* (actif) , *guoryluch*, état d'être vu ; *guorunuch* , vue d'un paysage; *guordyruch,* action de faire voir; *guormeich*, état de ne pas voir; *guoremeich ,* état de ne pouvoir voir; *guorulmeich*, état de n'être pas vu ; *guorulemeich*, état de ne pouvoir être vu , *guorunmeich*, état ne pas se faire voir; *guordyrmeich,* état de ne pas faire voir ; *guoruchuch.* action de se voir, *guorychyluch ,* action de se voir réciproquement, *guoruchulmeich*, état de ne pas se voir : *guoruchtyruch* action de se faire voir ; *guorebilich*, état de pouvoir voir , et une foule de combinaisons. Or, qu on ne croie pas que ces variétés de sons pour désigner une action ne proviennent que de la pénurie des autres verbes. Non, pour exprimer l'action de montrer et de se cacher, les verbes turcs ne manqent pas. Chaque verbe peut subir les mêmes combinaisons , avec la même régularité primitive , indépendante de toute forme hétérogène, ce qui fait qu'un étranger, au bout de quelque temps, en saisit l'esprit et s'en sert avec facilité. Si l'on compare avec cette conjugaison primitive aryanique, les formes bâtardes des langues civilisées d'Europe, et si l'on songe que c'est un Tatare , un hommes aux idées et à la nomenclature bornées, qui sait nuancer ainsi son verbe, ses participes, ses infinitifs , ses supins et ses gérondifs et tant d'autres formes sans nom, quoique d'une formation toujours régulière, n'est il pas évident, que cette race actuellement déchue , a vu jadis de meilleurs jours , qu'elle a existé durant une longue série de siècles de l'idée jeune , primitive des Aryas, et que c'est elle enfin qui, domptant la nature, a donné la civilisation au genre humain?

8° L'irrégularité qu'on observe dans la conjugaison des verbes latins, comme *tangere tetigi, cadere cecidi, pendere pependi* (au passé parfait) , est un des caractères de la langue turque, ou plutôt elle a sa source , pour ainsi dire, dans la manière de sa descriptivité, d'après laquelle les sons se répètent pour peindre un état ou une action superlative ; ainsi, on dit *kap-kara*, tout à fait noir ; *iem-iechil*, tout à fait vert , *paryl-paryl parlior*, il brille beaucoup ; *kocha koch-tym*, j'ai bien couru; *kala-kaldim* , je suis bien abandonné.

J'observe ici, que les dames turques ont une langue à elles, très riche et des plus descriptives, composée de mots qui semblent privés de sens. Que signifie par exemple, *lop, lopadan duchty* ; c'est-à-dire que quelqu'un est tombé d'une certaine manière? ce *lopadan*, dont personne ne connaît la signification, n'est que le *labere* latin , tomber. Pareillement, *kut vurdy* (il a frappé d'une certaine manière), dont l'incompréhensible *kut*, n'est que *percutere*, en latin , frapper. On pourrait former chez nous un dictionnaire de ces mots;

9º Dans les deux langues latine et turque , le pronom relatif *qui* et *ki* est identique : par exemple , *hic qui jacet,* en turc *o ki iatar*, ou *oki dja-tar*, celui qui couche;

10º La terminaison assez générale de noms latins en *us* et en *is*, paraît dériver de *chei*, chose, si l'on en juge par la formation des noms turcs suivants : *iky-ch* ou *ikty-ch*, en latin *ictus*, coup, *otourou-ch,* en latin *torus*, lit, siége, *kiel-ech,* en latin *calvus*, homme chauve;

11º La terminaison des adjectifs latins en *bi-lis*, signifie en turc, qui peut et qui sait ; ainsi , durable,*durabilis, durabile,* se traduit en turc , *dourabilen*, c'est-à-dire qui peut rester, et aimable, *amabilis*, *sevilebilen*, au passif, et *sevebilen*, à l'actif, c'est à-dire qui sait, qui peut aimer et être aimé. Or, il est évident que l'adjectif latin *visibilis*, n'est que *qui vidi potest* ; donc, cette terminaison *bilis*, *bile* est évidemment turque, dérivée de *bilmek*, *bilir*, *bile*, *bil*, verbe signifiant savoir et pouvoir;

12° La même considération concerne le pronom: celui-ci, en latin *iste*, *ista*, *istud*, et les proverbes voici, voilà, en latin *istorsum*, *susorsum*, *deorsum* qui, n'étant que les indications bien connues à Constantinople de *ichte*, *ichte o*, *ichte-orasy*, *chourasy*, *de-orasy*, nous croyons pouvoir conclure, qu'on aurait tort de vouloir nier que les Etrusques étaient les Touro-araniens ou Turcs.

Cette conclusion concerne évidemment les Thraces de l'Asie et de l'Europe. Pour certaines raisons, je ne veux pas examiner la technologie grecque, ni les sources inépuisables de sa fécondité. Il s'agit d'une nationalité oubliée et méconnue, nationalité martyrisé par les colonies sémitiques de Cecrops, celles des Pélasges, dont la nationalité, cependant, *apparaît* à la première page des dictionnaires helléniques. Servons-nous, par exemple, de la lettre *p*, et l'on trouvera l'un après l'autre les mots suivants :

Bac, traille, en grec *perama*, en slave *prom*;

Assistant, en grec *periestos*, en slave *pry-iest*, *prystoiat*;

Passage autour, en grec *perielissis*, en sláve *prelizisz*;

Retranchement, en grec *perikope*, en slave *perekop*;

Aplatir, en grec *plasis*, en slave *plastit*, *planina* ;

Tresser, en grec *plekô*, en slave *plet*, *pletu* ;

Proche, en grec *plezion*, en slave *blizo* ;

Berger, en grec *poimen*, du slave *poimat*;

Poésie, en grec *poiesis*, du slave *peiet*, *peiesz*, et de *iapysz*, *iaparis* turc, en latin *ops*, *opus*, *operis*.

Cela va ainsi à l'infini ; et il est à présumer que si l'on dépouillait quelque écrit hellénique des mots albanais, slaves et turcs, il n'y resterait pas beaucoup de mots arabes. Les Pelasgues, *Pelagni*, ne seraient-ils donc pas les *Pala-tçhki*, *Palaki* slaves ? et, par cette assertion, je ne prétends pas qu'ils étaient des Polonais. Tout au contraire, il est bien probable que c'est la culture des champs (en slave *pole*) qui a donné ce nom, tant aux Slaves occidentaux qu'aux Polani de Kief et même au Polovtsy turcs ou coumans, agriculteurs. Aujourd'hui même, les gardes champêtres dans la Turquie d'Europe , portent le nom de *polaks*.

Malgré cette probabilité , cependant , nous verrons ensuite que cette hypothèse n'est pas admissible.

. Pareillement, on a tort de vouloir, avec M. Duchinski et plusieurs publicistes français, exclure de la famille des Aryas sa plus ancienne et principale branche, et selon toute apparence, son noyau , je veux dire , la race des valeureux et honnêtes Turcs. Y a-t il au monde une langue plus aryane que le turc ? Au lieu de suivre son système préconçu dans le domaine des conjectures, pourquoi ne pas adopter les traditions mythologiques ou plutôt héroïques que nous ont laissées Eumalpe et les autres instituteurs religieux de l'Etrurie ? Ce fut Uranus, qui céda spontanément l'empire du monde à Saturnus (frère de Titan , Teuton) , et quant à ce Saturnus, il ne dévorait pas ses enfants , comme le faisait Chronos, grec , avec lequel il ne faut pas le confondre ; mais il a fait régner l'âge d'or, par sa modération, qualité inséparable de la force. Avec le temps, cependant, les petits peuples, et par conséquent moins modérés, et les divers Jupiters hellènes indigètes etc. , détruisirent partiellement cet empire et vainquirent Turnus, les Centaures et nos Guégas arnaoutes , que les Hellènes baptisèrent du nom de Géants ,

Gigas; et l'âge de fer commença. Le turisme a donc succédé, ou plutôt est sorti du sein de l'aryanisme et il l'a caractérisé, c'est-à-dire que la plus puissante tribu de la même famille des Aryas a pris le pouvoir et s'est chargée du soin de la civilisation japhétique, et il paraît même, de la plus grande partie de l'humanité. L'histoire prouve cette assertion beaucoup mieux que ne le prouvent des théories; en effet, dans les temps plus récents des Cyrus et des Darius, ne voit-on pas les Bactrians, sous le nom commun de Persans, et l'empire turco-persan, fondé sur le plateau du Turkestan, tandis qu'on est bien étonné aujourd'hui de reconnaître les Turcs dans les Parthes, et de voir dans les Mèdes d'aujourd'hui [1] des traits qui n'appartiennent pas à la race que représente le petit noyau d'Ispahan. Cependant, les Persans n'ont pas perdu sous Djenghiz-han, comme les Turcs, trois ou quatre millions d'hommes, et ils n'en fournirent pas alors une quinzaine de millions à la Russie, à la Moldavie, à la Hongrie etc. Plus que la différence de l'idiome, ce fut le guébrisme, et plus tard le schisme islamique, qui sépara l'Iran du Touran; et s'il est vrai que certains noyaux anciens d'Aryas, circonscrits dans les montagnes ou dans la civilisation des villes, et surtout, grâce à leur position géographique, devinrent plus distincts, ces noyaux sont si

(1) *Zenda comme on sait renferme une multitude infinie des mots turcs. Voy. M de Saulcy.*

petits en comparaison des masses turco-aranienne,
éro-manienne, germanique et celtique, qu'on est
bien tenté de conclure que le prétendu aryanisme
de l'Europe , n'est que le japhétisme générique.
On n'a d'ailleurs qu'à comparer un Persan , ayant
souvent les vices d'un peuple faible et décrépit ,
avec un Turc toujours généreux ; malgré sa civilisation arriérée, pour reconnaître où s'est mieux
conservé le caractère général des races japhétiques,
et où est la *species*. Sans cela , pourrait-on expliquer qu'une race, qui a donné son touro-aranisme à la langue des Romains, ne possédât elle-
même qu'un verbe , qu'on a soupçonné dernièrement et bien à tort, être indo-germanique.

Expliquons-nous :

En considérant les verbes dire, porter ou donner, frapper, rompre, cueillir, correspondant aux
verbes latins *dicere, ferre, ferire, carpere, de-
cerpere*, et aux verbes turcs *der, verir, vourir,
kyrpar , tcharpar*, c'est à-dire, il dit, il donne;
il frappe, etc;, on ne peut nier que les Français et
les Latins n'aient un infinitif bien caractérisé de
l'aryanisme. Mais ce qui est indubitable, c'est que
la terminaison turque *ar, er* et *ir*, dans les exemples susmentionnés n'est que le pronom *lui* et *il*
français, le vrai *ar* et *er* des Aryas. Si les Allemands mettent ce *er* devant les verbes, les Turcs
le mettent au milieu et à la fin. Pour lever tout

doute sous ce rapport, voyons la racine des verbes
à l'impératif, dans laquelle on aura *di, ver, vour,*
tcharp, correspondant au latin *dic, fer, feri,*
carpe.

Or, ce *ar* turc est le principe même de la conjugaison des verbes; par exemple : *tcharp-ar-im,*
tcharp-ar-sin, tcharp ar; tcharp-ar-iz, tcharp
ar-siniz, tcharp ar-lar, dans laquelle, la terminaison *arim* signifie arya , que je suis ;
arsen, arya, que tu es ; *ar,* arya, qu'il est ; *ariz,*
arya, que nous sommes ; *arsinis,* arya, que vous
êtes et *arlar,* arya, qu'ils sont. Ajoutons à cela
que les Turcs possèdent le nom *er* et *erkiek ,* signifiant l'homme ou *vir* latin, et que pour dire
chez nous : « N'avez-vous pas honte ? » on dit :
arlanmazmisiniz ? c'est-à-dire, *n'êtes-vous pas*
Aria ? Et nous croyons que ces preuves sont suffisantes pour admettre définitivement les Turcs
dans la famille des Aryas de l'Europe , sans que
nous ayons besoin de défier quelque nation que ce
soit à produire des preuves pareilles (1).

Cependant, quand les Turcs disent à l'infinitif
dimek, vermek, tcharpmak, on remarque la terminaison *mak* qui ressemblerait à *machen* allemand ou faire , si l'on pouvait imaginer une rai-

____

(1) N'oublions pas que nos Ouigoures s'appelaient
aussi Huires ou Vir, et que être homme chez les Turcs
anciens, c'était être *arslan* ou lion.

son plausible pour mettre *machen* exclusivement
à l'infinitif, d'autant plus que ce *mak* turc est devenu depuis plus de trois mille ans le *mai* hellénique et figure dans les œuvres des écrivains les
plus célèbres.

Enfin, quand les Turcs disent *dedyririm, ver-
dyririm, tcharptiririm,* c'est-à-dire; je ferai dire, je ferai donner, etc, ou quand ils disent : *de-
nilmekte dyr, virilmekte dyr, vurulmakte dyr,
tcharpylmakte dyr,* répondant en latin à *dicitur,
fertur, feritur, carpitur, decerpitur,* c'est-à-
dire il est dit, il est donné, il est frappé, et on y
reconnait le turisme spécifique caractérisant les
langues turques et étrusques.

Cependant, si, forcé par l'injustice criante faite
aux droits historiques de la nationalité turque,
nous hasardons nos opinions nécessairement bornées par les moyens dont on peut disposer dans
une province de la Turquie, ces opinions ne doivent être regardées que comme des indices pour
des recherches plus fructueuses.

Voici l'examen des anciennes traditions asiatiques, recueillies finalement par Aboul-Gazy-Ba-
hadour-Khan, sultan de Khavarism. Ce savant
prince mongol et par conséquent originaire d'une
nation qui a détruit, éparpillé et abruti la nation
turque, ce prince, disons-nous, sentait le besoin
d'établir la filiation de la race jaune issue de la

race des turco-aramiens. Sa généalogie ne mérite l'attention qu'à cause des connaissances qu'eurent les conquérants mongols de toutes les races d'Asie et d'une partie de l'Europe. Selon ces traditions, Japhet, que nous voudrions bien associer à l'empire d'Uranus, a reçu le surnom de père des Turcs. Japhet avait plusieurs fils :

1° Toure, auquel son père a donné l'empire sur ses frères, et dont les enfants seraient Ouigours, Carliks, Canglis et Calates. Il est exact que les vrais Calates ou Galates laissèrent, dans l'Asie centrale, les traces de leur séjour dans les villes de Kalath et de Kielat et chez les Galates de la Phrygie où ils devinrent, avec le temps, le noyau de la puissance ottomane à ses débuts.[1] Nous ne voyons les traces des Britons asiatiques que dans la mosaïque des Huns blancs et jaunes d'Attila.

2° Gaz, père des Turcomans, appelés par Ptolémée Cassii, et père des Casques d'Etrurie. Cette nation a donné son nom à la ville de Casgar, au Caucase, au pic de Casbek et à la mer Caspienne, qui successivement, selon Djevdet pacha, a porté le nom de mer Bulgare, Dilémite et actuellement Hazare.

3° Taradj, père d'une autre espèce de Turcomans, des Ouzes, paraît-il. Ces Ouzes et Gazes ; Osques et Casques, noms qui caractérisent quelque peu nos dialectes principaux, marchent tou-

[1] Il serait trop long de prouver ici que les Ottomans ne sont que Galates de la plus pure extraction.

jours de pair, et se rencontrent partout. Cependant, comme le nom de Taradj ressemble aux noms de Tires et de Tros, patriarche des Thraces et des Troiens, nous pouvons supposer leur identité d'autant plus que les villes de Tharaz et de Throana, dans le Turkestan, semblent avoir été les premier noyaux de cette race.

4° Sadenas, ou Sasena. Aboul-Gazy, accordant ce nom à une dynastie postérieure persane, ne paraît pas être dans l'erreur, et il veut par ce nom désigner certains anciens noyaux de races. En effet, aujourd'hui même, la moitié des Kurdes (anciens Carduhes) portent le nom de Zazas, et puis on voit les Kurdes du Turkestan, connus, à ce qu'il semble par les anciens, sous le nom de Saces. Il paraît aussi, qu'il faudrait y ajouter les Kurdes, les Mèdes de Moussoul, de Souleimanié, d'une partie de l'Aderbidjan et du Kouzistan. Ces derniers, cependant, qui gardent quelques vestiges de leur ancienne grandeur, n'acceptent pas ce nom, et par consé quent, l'affinité de leurs idómes avec celui des Perses sassanides ne doit être attribué qu'à l'ancienne civilisation des Aryas, dans laquelle ces tribus ont grandi. D'ailleurs, s'il est vrai que la dynastie postérieure sassanide portait le nom national, on pourrait soupçonner que les dynasties antérieures de la Perse, savoir, celles des Parthes, des Mèdes, des Caianiens et des Pichdadiens n'étaient pas persanes.

5° Sclab ou Saclab, (nom rappelant les Sacla- *(ou plutôt Sclavons)* ves de la Macédoine), père des Slaves qui, si l'on en juge par l'énorme différence de leur langage, sont des plus anciens habitants de l'Europe *(Cyclopes?)*

6° Manimah, nom qui n'est qu'une caractéristique de la langue des Goths, et que nous aimerions appeler Titan, quoique les historiens ~~asia~~ *-arabes* ~~tiques~~, vu l'étendue de cette race, veuillent lui as- *gratuitement* signer deux pères, dont les noms défigurés par la tradition et l'imagination sémitiques, sont Gog et Magog. Cette conjecture paraît avoir été motivée par l'existence des Goths et des Gètes; mais si l'histoire des premiers est connue, il n'en est pas ainsi des Gètes, et le gétisme n'ayant laissé aucun vestige, ni en Thrace, ni dans l'Asie centrale, nous ne voyons aujourd'hui qu'un *manisme*[1] qui, s'étendant d'une part, des Indes jusqu'aux plus anciens noyaux aryaniques des Kurdes et des Arméniens, et d'autre part, des Indes jusqu'aux Ouigours touro-araniens, suit une gradation de nuances, faisant supposer que celuici n'est que l'aryanisme-même, qui devrait s'évaluer par l'époque de l'émigration des peuples japhétiques et par autres données géographiques et historiques.

7° Gomère, nom biblique, père des Camarites,

[1] Le *manisme* caractérise plus encore les dialectes des turcs, persans et des Tatares, que le teutonique. Men, man, dans les premiers, signifie l'homme et moi.

habitants de l'autre côté de la mer Caspienne
(peut-être les Kymres) et des Bulgares. Ce peuple
se mêla , partout, aux populations de l'Europe :
nous ne possédons que son noyau, ou plutôt une
de ses tribus, dans le mélange Thraco-bulgare.

8° Hazare, père des Hazares et , peut-être , de
quelques tribus caucasiques.

9° Russe, distinct des Slaves et des Turcs, et
sous le nom qu'avait porté jadis Ruryk, fondateur
de l'empire slave oriental , confond toutes
les idées. Comme, cependant, les Mongols connaissaient à fond les Slaves et les Moscovites, dont
ils recevaient le tribut, et d'un autre côté , si l'on
considère les nuances finnoises et tatares , il est
possible qu'Aboul Gary jugeât que ce nom conve-
nait mieux aux Moscovites qu'aux Slaves orientaux, qui l'avaient reçu des Varago-Russes , mélange, paraît-il, normando-finnois. Évidemment ,
par le nom d'Ourous, l'histoire mongole voulait
désigner les Tchoutchis, les Mordva, les Viatsy ;
les Sousdaliens, et peut-être, les Somoièdes de la
race finno-boréale qui, jusqu'aujourd'hui, malgré
tous les efforts de la cour de Saint-Pétersbourg ;
et quoique à une petite distance de Moscou, n'ont
pas appris le slave , et croient à la métempsycose.
Ce fut Jury Khitaien , qui donna l'organisation et
l'aristocratie au duché de Sousdalie; et l'introduc-
tion de la langue slave dans ce pays s'explique

suffisamment par la civilisation slave de Novgo-
rod-la-Grande, par le commerce anséatique de
cette vil'e; par la Bible cyryllienne, qui a slavisé
plus de peuples que n'en ont latinisé les armes de Charlemagne, et enfin par la terreur des
Mongols, qui firent plus de prosélytes orthodoxes
que n'en firent les Portugais et les Espagnols, en
découvrant l'Amérique et les deux Indes.

Nous ne croyons pas cependant que l'élément
turc y fût bien prononcé, d'autant plus qu'au siècle de Djenghiz han, les Ouigours, ces réprésen-
tants de la race turque, étaient les ennemis décla-
rés des Khitaïens. Tout au contraire, il est notoire
que le grand-duché de Moscovie n'est devenu
puissant qu'avec l'invasion des Mongols en Russie.
C'était d'ailleurs le temps dans lequel les Mongols,
connaissant mieux le christianisme des Nestoriens,
et l'islamisme des Turcs occidentaux, que le panthéisme indo-thibétain, se choisissaient, chacun à
son gré, une religion; et la question de la langue
n'arrêta jamais un vrai Oriental. Pourtant, sauf les
populations de la Russie méridionale, qui est presque exclusivement turque, turcomane ou hazare,
la participation des Turcs à la fondation de la Moscovie, n'étant par rien prouvée, et, tout au contraire, l'élément turc avec l'islamisme, ayant finalement prédominé dans les hordes mongoles de
Djagatai, il est évident que ce ne sont pas les Turcs

qui fondèrent la puissance des czars, et qu'on a tort d'accorder le nom de Touraniens à un mélange finno-mongol et, spécialement, viatzo-mongol.

10ρ Zvind, etc.

Voici d'autres indices sous ce rapport :

Strabon croit que les Thraces et les Gètes parlaient presque la même langue; la même affinité, selon quelques auteurs, anciens, aurait existé entré les Gètes (indo germanique ?), les Daces et même les Jasyges turcs. Nous croyons ces témoignages; la question est seulement de savoir si les Gètes parlaient l'allemand ou un des dialectes turcomans ; parce qu'il est impossible d'entrevoir quelque part cette prétendue Grande Allemagne d'Asie, et nous croyons que les Goths quittant, à une époque bien ancienne, le plateau de l'Asie, se formèrent en Gœtland et en Scadinavie.

D'un autre côté, M. de Guignes observe, que les Yue-chi (que nous croyons être Jachi, Jassy ou Jasyges, anciens habitants du Soutchova chinois et originaires de l'Altaï), de concert avec une partie des Sou ou Sysiges igouriens, après avoir anéanti, en 134 avant Jésus-Christ, l'empire indo bactrian d'Alexandre-le-Grand, se mêlèrent tellement avec les Gètes, que cet historien croit que les Yue-chi et les Gètes n'étaient qu'une même nation, connue par les anciens sous le nom d'Indo-Scythes. Comme cette opinion du savant auteur, prend sa source dans les historiens chinois, observons que ces derniers connaissaient assez mal les Gètes de la Caspienne, comme on le voit d'après ce qu'ils rapportent sur les mœurs des Gètes, sur la pénurie des femmes, la polyandrie et autres assertions contraires à la raison et à la nature (1)

Notons, enfin, que Rubriquis, qui au treizième siècle visita le pays des Ouigours, observe que leur langue est l'origine de la langue turque et coumane ou turcomane. Nous acceptons cette opinion ; en regardant les Ouigours comme un noyau postérieur de la civilisation turque, après le conflit dans la famille d'Aryas, et exerçant longtemps leur influence sur les deux dialectes, occidental et oriental. Il paraît que c'est à cause de ce turcomanisme, pour ainsi dire aborigène, que nos populations turques et turcomanes furent souvent taxées de gétisme, _teutonique_ tandis que d'un autre côté, parmi les populations des Gètes et des Gétules souvent inséparables de celles-là, on voit le turisme qui fait douter de leur germanisme, d'autant plus, qu'il est difficile de trouver un nom de rivière ou de montagne en Touroscythie, en Thrace et en Asie, qui rappelle ce germanisme. Ce qui est certain, c'est que les peuples, dans leurs grandes entreprises et leurs migrations, étaient toujours composés de différentes races, soit pour assurer leurs derrières, soit afin de suffire aux différentes

Le mot d'ailleurs du germanisme n'étant pas teutonique mais tatar, dénommant les premiers habitants d'Allemagne, les ethnologues feront bien de finir avec ce qui pro- quo d'une théorie arbitraire !

(1) Le nom des Gètes dérive de guilmek turc, s'en aller; on tatar tched = de latin; et s'applique aux premiers émigrés. Indigètes émigrés des Indes, Allergètes émigrés Ill, ou premiers émigrés après la catastrophe d'Ilkhani.

nécessités du terrain. Les Goths avaient besoin de
la cavalerie légère des Alains, les Hérules de la
coopération des Turcilinges, et les Gètes, peu
nombreux, se mêlaient souvent à la grande nation
des Turcs. En tout cas, ces Gètes, qui eurent le
philosophe Zamolxis, et ces Turcs qui ont eu les
villes les plus anciennes du monde, qui furent les
inventeurs des arts, des métiers et des lois, et qui
déchus même de leur ancienne splendeur, produisirent, plus qu'aucune autre nation, de grands
généreux conquérants, tel que Sultan Mahmoud
Ghaznevide, des philosophes comme Aanacharsis
le Scythe et Avicenne, dont s'enorgueillit Bou-
khara, des astronomes comme Ulubek, et peut-
être le fabuleux Navrouz, ces Turcs, dis je, loin
de ressembler aux Germains de César, peuplèrent
une grande partie de l'Europe de leurs villes.

Il paraît donc que les Taures, les Toures, les
Tourones, les Touraniens, les Throani, les Thraces, les Turcs, les Turcilinges, les Toucares, et en
particulier, les Bactrianis ou Troiani de Balkh, les
Triballites, les Turcomans, les Comans et les
Naimans ne sont que les nuances de la race turco-
aranienne, conduisant de diverses manières à
l'indo-gétisme aranique, mais non pas au germanisme. Les Germains, en effet, ne peuvent pas
servir de terme de comparaison sous ce rapport,
étant censés avoir pu mieux conserver leur arya-

nisme ou se caractériser dans la position circons-
crite de la Scandinavie. Nos Albanais, depuis plusieurs milliers d'années, plantés dans les montagnes , ont nécessairement beaucoup de sanscrit ,
sans pouvoir prétendre à la réputation d'avoir été
la *fabrique* des nations. Les noyaux de nos Aryas
enfermés dans les montagnes de l'Arménie, purent
aussi conserver quelque peu d'indisme, sans être
un *genus*; et cependant, ces nations ont des pages
d'histoire, qui ne commencent pas au siècle de
César. Nos Kurdes de Souleimanié sont la première nation qui ait établi par les armes un empire,
et si les Persans, attachés à la réforme de Zoroastre, conservèrent dans un petit noyau l'ancienne
langue des Mages mieux que le grand peuple turc,
se mouvant entre l'Adriatique et le Grand-Océan,
et influencé par mille idiomes, ce ne sont pas les
Zazas havraniques qui peuplèrent l'Europe. D'ailleurs, pour être le *genus* ou le noyau japhétique,
il faut, outre la langue et l'ancienneté, avoir les
traits physiques et moraux de la race caucasique,
être bon, vaillant, généreux, tolérant, puissant et
pouvoir produire les preuves de sa fécondité, en
contingents de tribus fournis à l'Europe. Voyons,
si ces conditions sont remplies par le noyau touro-
aranien.

Bouleversée par le schisme de Zoroastre , dé-
truite par les Huns, trois fois ruinée au fond de

la Chine, conquise et affaiblie par les Chinois, les Persans et les Arabes, exterminée par les Kitaiens, dispersée et massacrée en corps de nation par Djenghiz han, abâtardie par le croisement des races avec ses maîtres mongols, décimée par Tamerlan et par une croisade sans fin, russifiée enfin et paralysée par les Moscovites; cette nation vit, cependant, et sa langue se parle à Kazan et dans toute la Perse, en Bosnie et en Chine.

Et pourtant, cette même nation a fourni mille tribus pour peupler le monde, son sang caucasique coule à grands flots dans les veines des populations de l'Europe, de la Russie méridionale, de la Hongrie, de la Chine et même des Indes; la langue énergique japhétique, si différente de celles des peuples sémitiques, vibre dans les écrits des anciens, et son verbe *logos* (mot turc), infini dans ses nuances, embrasse une infinité de langues.....

Et pourtant, ce peuple a élevé et cimenté par son sang tant de puissants empires, a fait trembler devant lui plusieurs fois l'Europe et l'Asie, a soutenu une lutte de dix siècles contre le monde entier, pour défendre une religion d'une partie notable du genre humain, et chose étonnante, ayant songé, à plusieurs reprises, à l'empire du monde, il ne s'entourait pas de ruines, n'extirpait pas, comme les Mongols, les races irréconciliables des vaincus, n'abolissait pas leurs croyances, et com-

me s'il gardait la réminiscence de ses droits d'aî-
nesse déchue, il les épargnait et voulait les gou-
verner.

Comment expliquer ce fait ? C'est que la nation
turque n'est pas une nation ordinaire, mais le
noyau japhétique que jadis la Providence, après
un long et glorieux passé et un bouleversement inconnu, avait probablement mise dans des conditions géographiques où, son énergie retrempée devait servir d'élément de rénovation.

D'ailleurs, cette conclusion serait palpable, sans
la confusion occasionnée par une domination arbitraire et malveillante des Tatares, sous laquelle
on se plait à confondre avec les Turcs, les Mo-ko
(Mongou), les Eleutes (Calmouks) et les Nutcho
(Mandchou). Il est vrai, qu'après la catastrophe
inconnue qui a renversé l'empire japhétique, les
Huns (branche, à ce qu'il parait, intermédiaire,)
représentaient la cause de quelques tribus nomades touro-araniennes; mais le noyau et la civilisation japhétique étaient toujours des plus caracté-
risés et des plus individuels. Une tribu turque,
portait le nom de Topa, c'est-à-dire maîtresse de
la terre, occupait une grande partie de la Chine, et
son royaume qui dura depuis l'an 1113 avant Jésus-
Christ, jusqu'à 209, a fini par donner une dynastie à la Chine. Les autres Turcs, Tchao, commen-

cérent les premiers, la fameuse muraille chinoise, et les Turcs Chato; dit de Guignes, donnèrent , à une époque immémoriale, une dynastie à la Chine ; à laquelle succédèrent successivement celles de Hia , de Cham , de Tcheou ,. de Tam , des Han etc., que le même savant met dans la catégorie des Turcs Chato. Or, il est remarquable que, *c'est en 2198 avant Jésus-Christ , que la deuxième dynastie turque monta sur le trône du Céleste-Empire.* Que faut-il dire de plus ?

En voyant cette race qui, dès les temps les plus reculés , fonde partout des empires, jette les premières bases de la civilisation, et qui porte le même nom en Espagne comme en Chine, en Thrace comme en Gaule, en Syrie comme en Afrique ou en Russie ; en voyant les preuves indubitables de la part qu'elle a prise à policer le genre humain ; les tribus nombreuses qu'elle a fournies successivement à la population de l'Europe; les traces qu'elle a laissées dans plusieurs idiomes de l'Europe , et la probabilité que tout ce qui est de la race de Japhet est blanc et caucasique , n'étant pas slave teutonique, (et même si l'on veut finnois) ne peut qu'être turc ou turco-celte, ne faudrait-il pas admettre que le touro-aranisme fut le noyau et le berceau de la plus grande partie de l'Europe et de sa civilisation ?

Avouons notre incompétence dans cette matière,

Comment ils se nomment, et observons qu'aujourd'hui
lorsqu'il se est jeté dans les ténèbres de la civilisation de l'Europe et d'... ... intérieure, et quant
au royaume de l'Asie centrale, il se perd, et bientôt
il n'y aura que des Mongols.

FIN

[illegible]
[illegible]
[illegible]
[illegible]
[illegible]
[illegible]
[illegible]
[illegible]
[illegible]

[illegible]
[illegible]
[illegible]
[illegible]
[illegible]

NOTES.

I.

Voici quelques tribus, à ce qu'il paraît , touro-araniennes, établies à différentes époques en Europe :

Taures, Taurini, Turons, Osques, Casques, Caraceni,
Turdules , Tyrrènes Œnotriens (les premiers Toures) ,
Sabelliens, Samnites, Peuceti , Piceni , Petzenègues ,
Volsques, Camarites (Kymres ? avec la ville de Camara-
cum, en Belgique seconde), Bulgares , Cadurqui (avec
la ville Uxellodunum , *haute enceinte* sur un roc), Seki
(avec la ville Lugdunum ou Ulugdunum , grande enceinte), Volgues, Tecto-sques, Are-comi, Bituriges, A-
vares, Averni (avec la ville Gergovia, *terre au ciel* , sur
une très haute montagne), Celtiberi (Celtes de ce côté) ,[1]
Illiberi (de ce côté d'Illir.) Illitungi (Turcs d'Illi), Illi-
riens (Arias d'Illi ou Illiens) Ombriens (en-*beri* , noble) ,
Olombrie (Ouloug Ombrie), Issombrie (chaude ou basse,
ascha Ombrie), Saly-ens (impétueux), Tricasses (Touro-
Casques, Tricastins, Armori (Aryas maritimes ou orientaux) , Atribaty (Toures occidentaux), Tringbantes ,

[1] Celte, divin, céleste, de Céleb, en turc Tchéleb, source de toutes les
célébrités ou Dieu suprême des Aryas et des tchelovi-k's
(hommes sclavons) qu'adorait Ogmius gaulois, ou
l'g-oux touranien (homme ou Ux. aux flèches,) apôtre et
conquérant. Voy. About Sazy.

Etrusques, Tricori (Touro-Coraxi) , Treviri , Batavi ?
(occidentaux?), Cuturigi, Illergeti (Gètes d'Illi ou Gètes
avancés), Ausci (Osques d'Ux-kiend, Aqui (d'Ak-sou) ,
Carpeti, Carnes, Carinti, Carnutes, Caramans, Ausones,
Basques, Bachkeres, Cenomans, Auamans , Ordovices ,
Cavares, Oxibes (d'Oxus?), Centroni (Toures de Tçin?),
Augrivari, Tarbelli, Triballites, Istri (Sarmates), Toxan-
dres, Astures (d'*azmak*, Toures valeureux) , Bastarnes
(Toures en chef), Boïes (*ou grands caucasiques*), Ubi-ens, Suessi ,
Urbigeni (*Ourban*, tribu,), Rheti, en Tyrol,
Tungri, Ouigours, On-Ouigours, Tigoury , Cutrigoury,
Ligoury, Sarigoury, Bittigoures (les dernières) , Gou-
ryk , Arcadiens (pays derrière), Doriens ou Touriens,
Acarnaniens (blancs Arias ou Cariens) Locri (ouloug-er),
Cassiopi, Athamani hellènes, Atimani, tribu des Peucins,
(Ati, tribu de Kao-tze), Argiens, Beotae (Batae scythes),
Skipt-ars, Jasyges, Daces, Thraces, Dardaniens, Alains, *Sigres,*
Thuringiens ou Toures, Turcilinges, Thurgoviens, Ha-
zares , Coumans , Uzes , Itimares , Britons , Sabires
Kiptchaks , Sueves , Turdetans , Taraconnais ou Es-
pagnols, etc.

<h2 style="text-align:center">II.</h2>

ILKANIENS, CAIANIENS ET LES ASENAS.

Ces trois noms des Ilkaniens (Pichdadiens ? ou premiers régnants), des Caians (Caianiens arianiques , *kaia*
en turc, roc ,) et des Asenas, rappelant la louve de
Romulus, ont été des noms revendiqués par chaqne
nouvelle formation des Etats turcs, comme le titre de
l eur légitimité. Nous aovns eu des dynasties entières

qui portaient le nom d'Asenas, et une multitude d'Il-khaniens, d'Ilkhans et d'Il–ilkhan (1). Les Turcs Kao-che prétendaient être la progéniture d'un loup, et quand en 1180 de J.-C. , les Turcs chrétiens établis en Thra-ce, c'est-à-dire les Grands Valaques, les Bulgares, avec les débris des Jasyges , des Bastarnes et des Thraces soulevèrent une guerre nationale contre le Bas-Empire, ils firent roi un homme descendant d'une très illustre fa-mille, à ce qu'on dit, portant le nom d'Asena ou d'Asa-na. C'était ce roi Asena qui commandait les Grands Va-laques ou Petzénègües, il battit à plusieurs reprises, en Macédoine, les empereurs grecs; et quant à ces Petzé-nègues, il ne faut pas croire les contes qu'en font les By-santins. Comment, en effet, croire que ce peuple qui se battait armé de faux et d'instruments aratoires , fût venu d'Asie ? Comment imaginer un prétendu million d'hommes traversant les steppes d'Asie, pour subir en Thrace une dyssenterie, *causée par l'abus des viandes..?* Ils n'étaient donc pas Scythes, car ceux-ci ne mangent que de la viande; c'étaient peut-être des agriculteurs déplacés par d'autres peuples, et qui ne venaient pas de loin. En effet, Jornandès , Goth de naissance et secré-taire du roi des Alains, qui connaissait bien ces peuples, identifie les Peuceni avec les Bastarnes. Ils occupaient de-puis un millier d'années les Carpathes et une grande par-tie de la Pologne, ils fournirent un contingent de soldats à Attila (au Ve siècle) et probablement, aussi aux Avares , et ce n'est qu'à la fin du VIIIe siècle, que ce peuple paraît avoir cédé la place aux Polonais. On sait, en effet, qu'à cette époque, tous les peuples allemands, saxons, slaves

(1) Notre auguste dynastie impériale descend indubi-tablement de la glorieuse branche des Caians *ou Caïs.*

ét sarmates, poussés les uns sur les autres par les armes de Charlemagne, changèrent de place vers l'Orient. Observons, enfin, qu'au lieu de tenir compte du registre des tribus petzénègues qu'en donne Constantin Porphyrogénète, qui, par exemple, au lieu de Carabey, cite Chardboë, et qui nomme une tribu de Talmates, preuve qu'elle pouvait venir d'autre part que d'Asie, il faut, avant tout, écouter Strabon, qui rapporte que les Bastarnes se composaient des célèbres Ati-mani, des Issidons ou Sidons, que Ptolémée et Ammien appellent *magna gens-omnium splendissimi*, et des Peuceni qui sont, à ce qu'il paraît, une des branches des Peuceti et des Piceni, établis en Europe.

MYTHOLOGIE.—Les noms des divinités grecques et romaines paraissent être turcs en général. Si *Zeus* est un dieu égyptien, *Jupiter* latin est bien le *Japtyr* ou *Japtyr-an*, en turc, créateur; et *Jovis* dérive de *juvenis* latin, en turc *djivan*. Themis, la déesse de la justice, signifie en turc pure; Arthemis, *erdan temiz*, chaste; Mars, martis, *mert*, valeureux; Bacchus, fils de Sémélé, *bagh-dji*, vigneron; et *semere*, fruits; Demetra, *demet ettyren*, faiseuse de gerbes; Minerva, *min-avrad*, mille femmes, Uranus, maître du ciel, *ouran*, frappant; foudroyant; Ganimède, échanson divin, *ganimet*, abondance; Hercule, Irakl, *iry-kol*, grand bras; Pluton, *boulout*, nuage, obscurité; Vesta, *usta*, maître, maîtresse en un art; Efaistios, *Efe-usta*, savant maître; Posseidon, *poussdunia*, monde des brumes, Chimaira, chimère *chimaran*, gonflé, fougueux; Gorgo, Gorgones, Gorgutios, *korkou*, *korkondj*, *korkout*, terribles; Méduse, *medjuz*, payen, impur; chaos, *haouz*, réservoir; Tartare, pésée, jugement; *tart-ar*, exil des hommes; et *dert-ar*, tourments des hommes; *Parcae*, Parques . de *partcha*, portion, partie coupée; Kerberos, *kier-ber*, mot peu usité, signifiant anxiété des hommes; Flora , de *flis* , germe, plante; Thétis, *téliz* , inquiète, soucieuse; Charis , de *kary*, femme; Eol, *iel*, vent; Priape, de *iapmak* , faire ; Europe, *ei rouba*, bonne propriété, effets, (conquête) ; Cérès, *tchérez*, produit, fruit; Pallas, correspondant à *palã*, *palan*, *palanka*, outils de guerre et de fortification turque ; et Afrodita, déesse de la beauté , *Avrad* , ou femme turque, prouveraient que les Turcs n'étaient pas des Mongous. Quelques autres divinités, comme Junon, Era, Diana, Mer-cure, Nep-tune, Satyr, Janus ou Djanus, Pro-serpina, Hébé ou Ebé, portent des noms évidemment turcs, quoique d'une interprétation moins directe. Il paraîtrait donc, que ce sont les Turcs , peu enclins au mysticisme, qui ont formulé la théogonie, commode et pratiqué des Grecs et des Romains. Ainsi , les Muses (mot arianique), comptent des noms , comme Talia, propice, Terpsychora, *hora tepen* , dansante, et *hora terbiesy*, exercice, éducation de danse ; Euterpe , bonne éducation; et Ourania portait le compas, en grec *perieli*, koumpas, (koumpas *perguel* ou *beriguel*) , sont deux mots éminemment turcs. Observons enfin, qu'outre les mots turco-arabes des anciens demi-dieux et héros grecs, qui sont portés jusqu'à présent par les Turcs modernes , comme Omèr, *Omer*, Abas, *Abbas* , Aias *Aiaz*, Memnou, *memnoun*, content, Agamemnon, *Memnoun-Aga*, seigneur bénévole , — la moitié des noms de l'Illiade se font remarquer par leur caractère turc. Ainsi Ektor, *iktyr*, renversant, Paris, *peres* , *(zan)* *para*, adorateur (des femmes); Ajax, *aiaz*, clarté, *aiakli*,

véloce; Yrtakes ; *Irtios*, déchirant; Aioios *aiol* , ami ;
(Achilles, nom formé d'ah !) Forbas, *vourbach* , casse-
tête; Korybas, *koury bach*, tête nue; Jarbas, *iar bach* ,
fandeur de têtes; Kalchas, *kalfa* , (prêtre) , ministre ;
Odysseos, de *od*, feu et poison? Fylakos, Falkes, *falak-
tchi*, battant; Patrocles , *peder kouly*, aimant le père ;
Ormenios, homme frappant ; Agenor , prince-esprit ;
Theseus, véhément; rapide; Gaiouchos, Ogchus , Ogy-
ges, noms rappelant Gaiouk et Oghous , patriarches
touraniens; et une multitude de noms comme Agis , A-
gamède, Ortaios, Oros, Sokos, Aiakos Thestour, Kapa-
neus, Koiranos, Altaia, Koinia etc.

HUNS. — Notre observation sur les Huns, (page 11,)
ne concerne pas évidemment les Huns Blancs qui, comme Ouigours, On-Ouigours etc. étaient turcs de la
plus pure extraction.

JASSY. — Jassy, suivant l'indication de Hammer, paraît avoir été la célèbre ville d'Issi-don , qui selon de
Guignes, se trouvait près de Soutchava, dans le Turkestan oriental. Ptolémée et Ammien citent *Issidon Scythi-
ca* et *Issidon Serica*, et les Orientaux, Yassy et Yassy-
taban. On sait que *iaz* et *issy*, chaud (campement d'été),
sont la même chose; et quant à *don*, enceinte , *dunia* ,
pays, monde, ce nom forme une terminaison assez générale et très connue des villes en Gaule. Observons
enfin, que la prétendue Roumanie moderne , avec ses
Jassy, Soutchova, Rimnik, Boukharest, Hoten, Ardjich
etc. , n'est que le Turkestan en miniature, sans en ex-
cepter l'ancienne capitale de la Dakia[1] Sarmazegetusa ,
de *sarmak*, verbe qui, en turc (et parait-il en grec) si-

(1) Dakia en turc pays des montagnes.

gnifie entourer, retrancher, serrer, lier ; presser , et
souvent , attaquer. (Sarmates ?)

CHEVELU. — Le sobriquet de chevelu, ne paraît être
que la caractéristique de la race turque, qui a mieux
conservé son type caucasique de ce côté de l'Imaüs,
celle de l'autre côté ayant peu de barbe. Il ne faut
pas , d'ailleurs , prendre toujours l'adjectif latin et
grec , *comatus* , dans le sens de chevelu , puisque ,
si *koma,* dans la langue des Scythes, peut signifier
mise des cheveux , et tresses , le plus souvent ce
nom signifiait les tribus *mises.* en communauté , ou
k*om* alliés.

LATINISME. — La question, pourquoi l'Europe, durant
deux ou trois siècles de la domination romaine, se laissa
si vite latiniser, tandis que la Syrie, pays de prédilec-
tion des Romains, ne s'est jamais ressentie du latinisme,
ne peut se résoudre que par le fait de l'affinité des races
d'Italie avec celles de l'Europe, — par l'existence d'un
milieu touranien. Autrement, comment expliquer que
les Romains, les Etrusques et les Gaulois aient porté des
noms comme Caton, k*aty* en turc, dur; Sertorius, in-
flexible; Caius, de Caianiens; Cassius, de Casgar; Marcus,
rappelant Margus, rivière de la Margiana, en Turkestan; Tulumnius, nom d'un grand nombre de héros turcs
et celui d'une dynastie; Posthumius, qui ne paraît pas
dériver de l'adverbe latino-slave *post,* après , mais du
nom turco-celte identique, signifiant emploi, poste, dignité; Caracalla, sobriquet gaulois, Caractac, nom d'un
Briton, Varus, Tarquin, Calpurnius, Gracchus, Caesar,
enfin, nom coïncidant avec *caesum* latin , kieser en
turc, celui qui coupe, et rappelant que les Asiates et les
Teutons appelaient toujours les Césars du nom de *Kiesar*

et *Kaiser* (1). Cette circonstance est assez générale, pour qu'on se demande, si le nom mystique d'Augusta, que le sénat (27 ans avant J.-C.) accorda à Octave , n'était pas emprunté de la nomenclature des augures ou des livres sibyllins, en réminiscence du patriarche touranien et du premier dominateur du monde, Oghouz, dont le nom est le point de départ des traditions orientales ?

SAMSCRIT. — Nous autres Orientaux, nous croyons à notre origine indienne, parce que les traditions arabes appuient cette origine. Paralysés cependant comme nous sommes par la langue perfectionnée , docte des Ottomans, c'est-à-dire composée à outrance de turc , d'arabe et de persan, nous avons une prévention contre le *samscrit*, qui n'est également qu'une langue perfectionnée, docte, recherchée et opposée à celle du *pracrit* , langue naturelle spontanée des pauvres Indiens. Il faut connaître l'esprit des castes savantes en Orient, pour se persuader que celles-ci se rendent toujours inabordables, par des langues pompeuses et peu nationales. Telle nous paraît être l'origine du Zenda et des langues de nos Tadjiks ou Sarti, des anciens Ouigours, et peut-être des anciens Grecs, comme nous le verrons plus bas. Telles étaient les langues de l'Europe au temps de la philosophie scolastique, et telle est jusqu'à présent la technologie universelle, soi-disant grecque. Selon nous, la première chose à faire dans les questions ethnologiques, serait de remonter graduellement le fil historique et de

(1) Le nom de *Kais-er* ne serait-il pas une allusion à la descendance des Kaïs ou Caïanites, de laquelle tant de dynasties anciennes et modernes, turques, tartares, mongoles, persanes, et même, à ce qu'il paraît, arabes , prétendaient tirer leur origine ?

(2) *Og-ouz* ou *homme aux flèches*, apôtre divin, conquérant et mauvais fils comme Jupiter, n'est qu'Ogmius gaulois à l'arc et au carquois attirant à lui nombre d'hommes par des filets d'ambre et d'or qui partaient de sa langue.

voir si les mots samscrits du grec, du latin, de l'es-
pagnol et du gaëlique n'ont pas été emportés en Europe
par les Scythes de deux côtés de l'Imaüs.

ABTCHED. — Nous regrettons beaucoup de ne pouvoir
comparer l'*abtched* avec les caractères igouriens. Cependant, si l'écriture de Galden et celle des Mongous et
des Mandchoux soat des caractères igouriens, est-il vrai
que le prototype igourien existe? Le voyageur chinois,
Tcham-kiao, observant que sur les bords de l'Oxus on
écrivait de gauche à droite, ne parlait-il pas de l'écriture des habitants des villes du Turkestan occidental?
En tout cas, le gouvernement ottoman devrait s'occuper
immédiatement de faire connaître chez nous ces caractères; — monuments impérissables de la gloire nationale; — comme ils sont déjà connus à Paris, à Londres
et à Saint-Pétersbourg; et si ces caractères s'écrivent
de haut en bas, cette fantaisie appartenant à peine aux
Turcs orientaux ou chinois, n'était jamais obligatoire
pour ceux de ce côté de l'Imaüs... Donc, nos observations ne concernent guère que les sons et leur ordre
dans les alphabets différents. Sous ce dernier rapport,
il est facile de se convaincre que l'abtched est presque
identique à l'alphabet hébraïque, et qu'en deuxième degré, il a une grande analogie avec l'alphabet grec et latin. Et comme l'alphabet arabe ne ressemble que très
peu à l'abtched, la conservation de ce dernier par les
Arabes, comme d'une formule mystique dont la récita-
tion méritoire doit précéder l'étude de la lecture, milite
en faveur de son origine des plus anciennes. D'un autre côté, sa forme présentant un groupe de mots, fait
comprendre que l'ordre des sons dans l'abtched n'est

pas fortuit, mais qui paraît avoir eu jadis une signification. C'est l'avis de plusieurs docteurs musulmans, qui
y voient un sens mystique de la chute d'Adam et de sa
réconciliation avec le Créateur. J'avoue mon entière incompétence sur ce terrain. J'observe seulement, que
comme on explique *kielemen*, par *kielime* arabe, ou parole; *houti*, par tomber, réprouver; *karaschet*, par *karar*, degré, mot plutôt turc qu'arabe, signifiant écriture;
et *abtched*, par *iba* arabe, une espèce d'*abcedere* latin,
s'éloigner; je demande si on ne pourrait pas y entrevoir
le sens vulgaire suivant : « Evitez la propension pour les
mauvaises paroles, apprenez une belle écriture, et Dieu,
le bon Créateur, vous donnera le bonheur. » Si l'on observe cependant les jeux que nos petits écoliers font de
l'*abtched*, en le rimant avec une foule d'autres mots
turcs, on dirait qu'eux-mêmes sentent qu'il s'agit ici de
l'arabe un peu à la turque. En effet, le *tched* d'abtched,
peut signifier (la première) lecture, *tchitati* slave,
tchitir, tihitir okoumak turc, c'est-à-dire lire en *récitant*,
recitativo italien, *tchert* et *stchet* russes, ou caractères
et comptes, *schediazomai* grec, *tchet-le iazmak* turc,
ou écrire une *cédule*. On peut donc conclure, que l'abtched renferme une exortation à l'étude de la lecture et
de la belle écriture, *safez karachet*, *saf karamma*, en
grec *safes gramma*, *safes charassô*. Notons, cependant,
que dans ce mélange turco-arabe (des Tyriens?) que les
Arabes comprennent peu, *kiolemen* signifie en turc serviteur, affranchi, et que la lettre *h* du mot turco-arabe
havez, (correspondant à *efesis*, en grec velléité), lettre
qui ne se trouve pas à cette place dans les alphabets hébraïque, grec et latin, remplace évidemment la voyelle
e. Le mot *efez* désignerait-il *efedji efendi, effecit, effin-
gere* latins, *efeyriskô* grec, inventer, inventeur, ou

promet-il aux. enfants, qui font la lecture ; d'être *Efe*, ou maîtres? *Houti*, au lieu de *hot-be hot* turc, en slave *houdy*, mauvais, ne désignerait-il pas un nom propre, ou menace-t-il de la servitude ceux qui lisent mal? Ce mot *houti*, aurait-il quelque rapport avec les écritures arabes, appelés *hat*, comme *sahhaz*, avec une autre espèce d'écriture artificielle des *sagh*, *signum* latin, *saga* scandinave, ou promet-il la possession (*sahib*) aux écrivains? Ces mots, enfin, ont-ils quelque analogie avec l'ordre des sons dans les alphabets igouriens ? Voilà, certes, des questions sur lesquelles des philologues orientaux, très distingués, comme·Djevdet pacha, peuvent jeter quelque lumière.

BULGARES. — Ils ne sont pas Slaves, parce que les Slaves, depuis environ quatre mille ans, n'ont jamais approché des bords du Volga ni du Bosphore Cimmérien, cultivant, outre une partie d'Allemagne, les plus belles contrées de l'Europe. A ce titre, les Turcs sont, avant tout, Volgares, et dernièrement ; M. Gilferding, auteur russe, rejetant l'hypothèse du slavisme des Bulgares, s'adresse aux sympathies de ces derniers au nom de la grande idée de St-Cyrille, devenue actuellement le patrimoine de la Russie. Sous ce dernier rapport, nous conseillons aux Bulgares : 1° de lire la chronique de Léon-le-Diacre, qui rapporte l'empalement de vingt mille Bulgares à Philippopoli, en 970, par Sviatoslav, knez de la Russie; 2° de songer que la première ruine de la Bulgarie, par Jean Tsimiscès, fut l'œuvre du même knez russe. 3° de se rappeler que la deuxième ruine, et le massacre des Bulgares, par Basile Bulgaroctone, furent secondés par. le concours très actif des Russes, en 1016.

. M. Gilferding explique ces faits historiques, en disant

que *les Bulgares appartiennent à la race turco-aralienne* ;
ce qui ne l'empêche pas de voir, dans les épithètes des
rois bulgares insérés dans la chronique *Ellinski viest-*
nik, que ceux-ci pouvaient être de la catégorie finnoise
ou tchoude. Mais, M. Gilferding aurait pu beaucoup
mieux expliquer ces épithètes en turc; et, comme il fait
entrevoir que la capitale de la Russie , Kiev , n'est que
Kieu, ou village turc, et comme d'un autre côté on ne
peut nier que les premiers knez russes Oleg, Igour, Ju-
ry|etc. ; ne portâssent des noms tatares , cet auteur ,
dis-je, aurait pu convenir que les dialectes turco-ara-
liens pouvaient se mêler, sans démentir le fait historique
de la possession permanente des bords de Volga par les
races turques. Peut-on admettre aujourd'hui qu'une nation ait eu trois dynasties, dont la première s'appelait
Doulo, la deuxième Chichman, et la troisième Asena ,
sans être d'origine turque proprement dite ? Nous a-
vons déjà parlé de plusieurs dynasties turques , d'Asé-
niens, et quant à celle de Chichman (homme à embonpoint) , ce sobriquet exclusivement turc, est tellement
vulgaire en Turquie, que nos Bulgares ne peuvent que
rire des efforts de ceux qui en voudraient faire des
Tchoudes ou Mordva. D'ailleurs, M. Gilferding a raison
d'établir que les titres des chefs bulgares *externes* et *in-*
ternes, appelés Bôl, sont d'origine turque, d'où dérivent,
selon lui, les Bollars et Boiars russo-valaques, et que ce
bolisme (originaire peut-être de Balkh) caractérise les
noms des khans turcs Décébal, Dyzabul, Terbel, Sursu-
bul, des Triballi et des Tarbelli, comme ceux des célèbres colons tyriens en Afrique. Le nom de ce peuple ,
considéré soit comme Volgares, soit comme Bulgares ,
est turc. On sait que les fils des rois bulgares portaient
le titre turc de tarkhans , et que les autres chefs des

districts s'appelaient *comin* et *kalutarkhan*.. En 923 ,
nous voyons le roi Siméon, envoyer un corps d'armée
contre Constantinople , sous les ordres d'un khakan ,
que M. Gifferding prononce *khakan* et *kavkan*, ce dernier mot signifiant en turc chef-guerrier. Il est notoire,
enfin, qu'on voyait jadis devant les rois et les chefs bulgares des porteurs de *boundjouks*, ou queues de cheval,
comme devant les khans tatares et les anciens pachas
turcs. On ne saurait donc douter du touranisme des
Bulgares et même de l'affinité des Avares, et surtout ,
des Cavares avec les Bulgares , d'autant moins qu'il
n'existe aucun nom connu de guerriers bulgares avant
l'adoption du christianisme, et longtemps après, qui ne
soit turc. Voici les noms connus des rois et des chefs
de ce peuple, selon l'orthographe slave :

Irnik, grand; Minik, petit; Kourt, loup ; Sevar , aimable, respectable; Terbel; Salan, impétueux ; Sursu-
bul, chef de troupes? Itch-bul, chef interne de la cour ;
Kormisoch, Kormisch et Kroum, majesté; Borita-kan ,
Vereni-alem, distributeur du monde; Goralem , voyant
le monde; Basian, Djigat, Baboun, Telegur, Kietchkar ,
Kavkan, Oumourtagh, montagne de la félicité ; Cotra-
gus, roi des Cotragi ou des Cadurqui (?) , autre nom
prêté aux Bulgares; Tvir (Tavr), Gozdun, l'œil du monde; Marmai, Krakar, Sygritch, Deli-ian, Aluschian , A-
logobotour (Alusch bahadour?) Tokt, Tohattem, rappelant plusieurs Tocatmich tatares; Isperich, esprit de feu;
Gavri, Asena, et les nombreux Chichman et Baian , rappelant le célèbre Baian, khakan des Avares.

Observons encore , que dès l'invasion des Goths et
des Huns, la Mésie, la Thrace et la Macédoine se rempli-

rent successivement par l'~~imagination~~ *Immigration* pacifique des colons slaves, et que les dialectes de la Thrace, bien avant
l'établissement des Bulgares , se perdirent successivement dans le slavisme des campagnes. Qu'y a-t-il d'é-
tonnant que les conquérants bulgares , n'étant qu'un
tiers de leur tribu, se soient slavisés à l'instar des Sié-
vériens et d'une partie des Coumans et des Hazares, par
la Bible de Cyrille ?

BOLISME. — *Bol* signifie en turc grand, riche, ample.
Céder, avec M. Gilferding, le bolisme divin et profane
des anciens aux Turcs, au préjudice de *bala* (haut) persan, serait approuver sous un certain rapport les traditions d'Asie sur la domination primitive et générale des
races turques. Il est vrai que ces traditions sont peu re-
vendiquées par les Turcs musulmans, qui paraissent ac-
cepter dans le sens bien strict la classification sacrée
arabe, des Asiates en Arabes et en Adjems ou Persans.
Le mot Adjem cependant , littéralement étranger, désignant toutes les races non-arabes, les Turcs ont tort de
renoncer à leurs droits historiques. Que ne se demande-
t-on pas pourquoi la langue des Scythes turcs est une
mine inépuisable sous le rapport des mots désignant le
pouvoir ? Ainsi, le mot tatare khakan, souverain, est le
symbole même de la justice en arabe, et Malek , Malik
arabe, est bien aussi le mot turc signifiant maître. Ba-
sileus, *bachi*, *bachli*, *bachili*, désignent les chefs turcs.
Touran et *tarkhan*, turcs, correspondent à tyran et Tygran gréco-arméno-parthe. Imperium, imperator, empereur, peut n'être qu'*en beri er*, le plus avancé ; puisque , on est d'accord que le nom des Ombriens gaulois
signifiaient nobles. Rex, regina, roi, peut dériver de *reï*
turco-polonais, vote, direction; car *reidji* et *reis* turcs,

signifient président, gouverneur, timonier. Hoams et
Hans, empereurs, et plusieurs dynasties chinoises sont
identiques avec les khans, princes et édifices turcs.
Comes latin, *komchy* turc, Consus, dieu des conseils,
Konsadzak bulgare; consul et conseil paraissent dériver
de *kon*, mise, et de *seilemek* ou *konouchmak*, délibérer,
parler ; et les mots comte, *kom*, *komim*, *kum*, chef d'un
koum ou tribu; *kune*, *gun*, soleil, durée du pouvoir ;
kung, roi en chinois; konig, roi en allemand ; *konuk*,
mis, préposé, hôte; konak, édifice, centre du pouvoir ;
knez, *en* russe, *konych* (?), paraissent être de la même
origine. Princeps, prince; prinz, ressemblent trop à
birindji turc, ou premier; Curule latin, *krul*, *kral*, slaves, est identique avec *kurul*, sénat, Majesté en turc.
Boiar, dérive évidemment de *boï*, grandeur en turc ;
Ataman, se compose d'*Ata* touro-aranien, père; gentle-
man, de *djins*, race; noble, *no-bilis*, mot turco-slave,
celui qui est digne d'être des nôtres; sénat, *syn-li*, homme en âge sénile; Efetios, d'*Efé* turc, maître de maison,
comme dominus, de domus, en turc *dam* ; Curateur,
krator, de *koratmak*, soigner; OEconome, oïkounom tatare, *locumon* étrusque, Olougman (Lokman arabe ?)
et enfin, toutes les cours, curies, *aulea*, *hof*, *daïre*, ja-
ponnais et arabe, *dvor* slave, etc., ont leurs hononymes
en turc.

KIATÏBS. — Les bureaucrates ottomans n'ont jamais
manqué d'hommes remarquables par leur tact et leur
capacité. Ce sont eux qui, à travers mille difficultés,
mettent patiemment à exécution le programme tracé
par la volonté souveraine; ce sont eux qui nous gouver-
nent, et l'opinion de nos jours sur l'insuffisance de leur
action, concerne évidemment le système, et non pas

leurs qualités personnelles. Les Européens se font, difficilement une idée de la tache laborieuse et de la multitude des conditions requises pour faire un bon *kiatyb*. Vingt ans d'études sérieuses suffisent à peine pour apprendre l'arabe, le persan, le turc; et il faut une longue pratique pour être au courant des diverses formules et des procédures des bureaux. Il faut donc avoir du talent pour apprendre, outre cela, le français et les diverses données de l'économie politique, les lois de l'Europe et leur esprit, l'étude du cœur humaine, base essentielle de la société orientale, et les éléments de la vie moderne. Comment donc exiger de nos employés qu'ils soient toujours à la portée des besoins du pays, ou, qu'ils aient tous les mêmes capacités ? Pourrait-on reprocher à des hommes, éminents sous tant d'autres rapports, de manquer souvent des notions nécessaires sur telle ou telle contrée, si l'idée n'a pas encore de voies pour sa manifestation régulière, si la vérité la plus modeste et la plus timide choque nos oreilles? Assurément, si nos employés savaient satisfaire aux nouveaux besoins nés de la réforme, c'est à eux qu'appartiendrait la gloire d'avoir régénéré et rendu puissante leur patrie.

FINNO-MONGOUS. — Il est libre à nos voisins de s'apitoyer sur la longue agonie de l'*homme malade*, de maudire la tyrannie turque et la vénalité de nos employés. Mais quand en Turquie, par exemple, un maître de poste ou un employé de douane prend la plume, cela devient l'objet de notes ministérielles et de réclamations bien curieuses, qui compromettent presque toujours sa carrière... Grâce à Dieu, ce travail n'est qu'ethnologique, avec une description pathologique de la maladie nationale,—description faite dans une langue peu accessible aux patients. Nous allons donc prouver, que telle qu'elle est, la nation turque compte peut-être cinq mille ans de civilisation..., que sa vitalité s'est manifestée par la création des plus grands empires , et qu'il faut respecter le principal noyau japhétique.

[illegible]

[illegible]

[illegible]

[illegible]
[illegible]
[illegible]

[illegible]
[illegible]
[illegible]
[illegible]
[illegible]
[illegible]
[illegible]
[illegible]
[illegible]
[illegible]

Touro-aryanisme,

GRECS ET ROMAINS.

~~SUPPLÉMENT.~~

Avant de jeter le dernier coup d'œil sur les langues des Grecs et des Romains , tâchons d'écarter les fables dont on se plait à entourer le berceau de ces nations.

On suppose assez généralement, qu'il y avait une espéce d'affinité entre les Grecs et les barbares, appelés vaguement du nom de Pelasgues : comme Dardaniens, Macédoniens , Troyens, Phrygiens , Oenotriens, Thraces, Cariens, Sicules etc. Cette affinité est bien probable; cependant, si la langue des Hellènes, quelques siècles avant J.-C. , était celle de la philosophie et du commerce en Orient et en Italie, il est étonnant que, ni la colonisation des Grecs et leurs victoires, ni l'empire d'Alexandre-le-Grand, ni ceux des Séleucides, des Lagi-

des, de Lysimaque et de Pyrrhus, ni le phihellé-
nisme des Romains et la longue existence de l'Empire d'Orient, de celui de Trébizonde et de l'exar-
chat de Ravenne, ni enfin, la civilisation et l'or-
thodoxie grecque n'aient influé sur la conservation de la langue gréco-pélasgue en Italie, en
Sicile, en Macédoine, en Thrace, en Illyrie, en
Phrygie et en Ionie.....

Suivant les anciennes traditions, les Grecs ti-
rent leur origine d'Hellène, fils de Dev-kalion
(en turc vaisseau de Dieu), qui, au seizième siècle, avant J.-C., donna le jour à Dorus, Eolus,
Ion et Achéus. Cette génération, dans laquelle le
nom le plus nécessaire, celui de Gouryk, fait dé-
faut, ressemble assez à une certaine généalogie
slave, qui attribue au *Sarmate* ! quatre fils : Lè-
que, Tchèque, *Russe* ! et Morave, sans mentionner le Sclavon.

Selon les mêmes traditions, Dev-kalion serait
venu du Nord, en Phtiotide (petite vallée de La-
mia) , ce qui est assez vraisemblable, pourvu, que
d'une manière ou d'une autre , on fasse marier
Bélus, roi d'Egypte, avec une Néréide de Tauros-
cythes, portant le nom de Tanaïs, pour en faire
naître Danaüs, roi d'Argos, ce qui serait d'autant
plus convenable ; que ses enfants s'appellent *an-
er, an-dreios, an-thropos, an-dras*, ou touro-
araniens, par excellence.

Les historiens grecs font un triste tableau des Palasgues, vivant, avant leur asservissement par les conquérants hellènes, comme des bêtes féroces, au fond des cavernes; et pourtant, les Pelasgues qui fondèrent Sicyone et Argos, n'étaient pas des barbares; il fallait bien connaître les machines, les outils, les moyens artificiels de transport, et quelque peu la géométrie, pour construire de nombreuses villes, formées de blocs gigantesques et taillées souvent dans le roc. On est donc tenté de croire, que les Pelasgues ne sont entrés dans les cavernes que pour fuir les kleftes et les pirates occupés de la traite des esclaves.

L'existence d'une civilisation antérieure à celle des Hellènes, n'est qu'une pure hypothèse, mais elle se base sur les raisons les plus naturelles. La La société humaine et ses progrès ne doivent rien à la guerre, par laquelle la Providence châtie parfois le genre humain. Tous les Vaubans, anciens et modernes, n'ont inventé que de petites méthodes de tuerie; mais pour armer le dieu Mars, il faut nécessairement admettre un Tubalcaïn, un Vulcain, un Fta, un Efaistos, *Efé-Usta* (1), et avant

---

(1) *Efé*, monsieur, frère aîné, maître de la maison, titre très usité chez les Zeibeks, en Ionie, près d'Ephèse(?) et en Phrygie, comme *Aga*, a la même signification chez les Turcomans, et il paraît même, dans l'histoire des

l'invention des phalanges et de l'ordre oblique , il faut supposer quelques milliers d'années pour inventer l'agriculture et l'art de forger la charrue devant nourrir les phalanges. « On n'avait pas alors, dit Virgile, entendu le son de la trompette guerrière , ni forgé à coup de marteaux des épées sur l'enclume. »

Necdum etiam audierant inflari classica, necdum
Impositos duris crepitare incudibus enses.

Il a fallu beaucoup de temps pour étudier le chanvre et le lin , l'art de les rouir, teiller, filer , et plus encore, pour inventer le métier à faire de la toile , pour habiller les guerriers, la même toile, enfin , devant servir de voiles aux vaisseaux de commerce, et ensuite, à la

anciens Hellènes. *Efé* turc, paraît dériver d'*ev* , maison, famille, foyer, d'où *efébos* grec, celui qui peut se marier et qui a atteint l'âge de puberté; et *efestios*, les dieux pénates, celui qui préside au foyer. D'un autre côté, *Efé* turc est identique à *Efendi*, littéralement celui qui est devenu *Efé*, et signifiant homme docte, savant, maître, homme lettré, d'où *efeyriskô* grec, inventer, et *efeteion*, sénat, cour etc. Quant au titre turc *Usta*, rappelant évidemment *Vesta*, déesse préposée au foyer , il signifie maître, maîtresse en un art ou en un métier quelconque; et l'on sait que c'est du nom de forgerons , que les Chinois appelaient avec mépris les Turcs (de Guignes). Ces données sont, je crois, suffisantes, pour turciser Volcain de Volgue ou Efé-Usta, d'autant plus , qu'*Ev-usta'sy*, non seulement en Ionie, mais dans toute la Turquie et en Turkestan , signifie architecte, ou femme ménagère.

piraterie. Mais, retournons à Dev-kalion et à sa postérité.

Cent soixante ans après l'établissement de Dev-kalion en Phtiotide, les Hellènes sont déjà assez forts pour conquérir toute la Grèce, sur les Pélasgues, les Bélides, les Cadmiéns et les Cécropiens ou Syro-Egyptiens, et deux cent cinquante ans après, c'est-à-dire, vers 1190 ans avant J.-C., ils sont assez nombreux pour peupler de leurs colonies la moitié du monde connu alors, l'Archipel, les Ionies, la Carie, la Lydie, la Phygie, la Sicile, l'Oenotrie etc. Mais l'histcire critique a enregistré déjà que les Doriens n'ont rien de commun avec les Hellènes, parce qu'au temps de leur prétendu grand-père, ils étaient déjà assez puissants, aux pieds de l'Oeta, et en 1190, c'est sur les Ioniens, et non pas sur les Pélasgues qu'ils ont conquis la Grèce. Il est d'ailleurs peu vraisemblable, que les Doriens, au lieu de raffermir leur conquête en Grèce, se soient, quelque temps après, dispersés dans la Doride d'Asie et dans toutes les contrées où le dialecte dorien existait.

C'est cette manie des Hellènes de s'attribuer tout qui paralyse les recherches historiques. S'agit-il d'une grande nation, des Tyrrènes d'Italie, pouvant compter au temps d'Hérodote quelques millions d'hommes, on n'hésite pas à dire qu'ils étaient une colonie de Lydiens d'Asie ; et si l'on demande l'origine des Lydiens , on apprend que ceux-ci étaient une colonie d'Ioniens , qui, à leur tour, étaient une colonie d'Hellènes du Péloponnèse. Voilà, certes, une fécondité surpassant les limites du possible. S'agit-il de peupler le Latium, c'est l'Arcadien Evandre qui devint son roi et qui bâtit une ville sur le Palatin, bien avant Romulus. Puis, c'est Hercule, Irikol (grand bras) , qui, sur l'Aventin , tue le brigand *Cacus* !...... C'était, à ce qu'il paraît, un très mauvais brigaud, car les Turcs, jusqu'aujourd'hui , font peur aux enfants en prononçant son nom, *kaka,* mauvais , *kakos* en grec; et quant à Iri-kol, Varon a raison, peut-être, de voir quarante-quatre héros dans son histoire, les Hellènes ayant amalgamé sous ce nom Baal de Syrie, Melkart de Tyr, Djom égyptien, Candaule lydien, Ogmios gaulois, Rama hindou etc.. . ,.

.. S'agit-il enfin de donner un roi aux Romains , de civiliser et d'aguerrir ces derniers, c'est le fils puiné du Corinthien Démarate, riche marchand de la famille très respectable des Bacchiades, qui ; fuyant la tyrannie de Gypsélos, se retire à Tarquinies, et de là à Rome , pour y devenir roi sous le nom de Tarquin l'Ancien. Mais, cela n'est rien en comparaison d'autres falsifications de l'histoire grecque. On connaît les ruines de la fameuse ville de Sybaris, dans l'Italie méridionale , occupant aujourd'hui-même sept· milles . d'étendue. C'est un Locrien qui, en 725 avant J.-C. , l'avait créée si grande et l'avait ainsi nommée en souvenir, paraît-il, de la Sybérie. Cette grande ville , durant deux cents ans d'existence, rangea sous ses lois sept peuples et seize villes, mais , étant devenue puissante et riche, elle tomba dans la mollesse et le luxe (tout cela dans l'espace de 215 années!), si bien que les Crotoniates , saisis d'horreur , pour donner un exemple à tous les Sybarites, la détruisirent, en 510 avant J.-C. , et ce ne fut qu'en 444 , que les Athéniens bâtirent, près de ses ruines, une nouvelle ville, qu'ils nommèrent *Thurium*, en l'honneur de je ne sais quel dieu de l'Olympe hellénique.

La même considération s'applique aux Oenotriens, qui donnèrent le premier nom à l'Italie , appelée Oeno-trie, ou pays habité par les premiers Toures, dont ils paraissent être aborigènes, si l'on observe la position postérieurement acculée des Oenotriens dans le midi de l'Italie. Mais, loin de cela, les Hellènes rapportent que ce fut Oenotrus , le plus jeune des fils (à ce qu'il paraît , batard,) de Lycaon, roi d'Arcadie, qui en 1710 avant J.-C. , s'établit dans l'Italie méridionale et donna son nom à cette contrée. Voilà, certes, des circonstances bien enregistrées pour une époque de treize siècles plus reculée qu'Hérodote et antérieure d'un siècle à l'arrivée du fabuleux Dev-kalion , en Phtiotide. Cela n'empêche pas , cependant, sa progéniture de prétendre que les Hellènes ont peuplé la Sicile , quoique les Cyclopes et les Sicules , qui bâtirent Sicyonc en Grèce , soient , à coup sûr, avec les Oenotriens, les premiers habitants de l'Europe méridionale.

Pareillement, ce serait le Corinthien Archias qui, en 755 avant J.-C., aurait bâti Syracuse (1) ou Syracusæ (*syra*, série, environs, *guzel*, beau, *kouzou*, troupeaux, *güoz*, œil, fontaine ; ce nom turc, d'ailleurs, se prête à d'autres interprétations). Ce seraient les Crétois qui auraient fondé une des plus anciennes villes du monde , Tarente, et il paraîtrait aussi, Tarentaise , en Savoie , Touromenium , en Sicile , Vulturne (aoul des Turnes) , Minturnes (mille Turnes), Cume ou Cumes (commune ou fortin) et Capoue (porte, fort), villes dont la civilisation était peut-être à son apogée, quand celle de Péloponèse se levait à peine; villes enfin , dont plusieurs surpassaient en grandeur leurs prétendues métropoles, Argos (l'œil, la vedette des hommes, rappelant Argus aux cent yeux) , Milet , en turc nation, Tirynthe et Corinthe, de *kormak*,

(1) L'ancien *noyau* de Syracuse, *Ortygie* , signifie en turc *chose au milieu* de..... , comme le quartier d'*Achradina*, signifie ville slave.

qui signifie , à l'instar , de *kondyrmak* , en latin
condere, faire bâtir; *korynty* peut donc aignifier
bâtisse, bâtiment.

Mais laissons à part la nomenclature et observons que, pour élever , comme par enchantement,
des villes comme Capoue, Tarente, Sybaris et Syracuse, il a fallu avoir, ou des trésors dix fois plus
grands que ceux de Tyr et de Carthage, ou une
puissance pareille à celle des Romains, ou enfin ,
une population bien laborieuse et innombrable.
Or, on sait que les fortunes était bien modiques
dans les républiques de la Grèce, et quant à la
puissance, on n'a qu'à se rappeler, que c'est en
590 avant J.-C. , que Solon donna ses lois à A-
thènes, et qu'en 509, les Pisistratides en furent
chassés. Si depuis ce temps, nonobstant les guer-
res civiles, la Grèce a jeté quelque éclat, et a produit un Aristide et beaucoup d'écrivains de génie,
qui nous transmirent les idées de l'ancien monde ,
cet éclat ne dura que 171 ans, jusqu'à la bataille
de Chéronée, en 338, où la Grèce perdit son indépendance.

Il est vrai, que les historiens grecs ne se décou-
ragent pas après cette défaite : à les entendre, ce
sont les Hellènes qui firent la grandeur d'Alexan-
dre le-Grand (Ouloug-ander), qui pouvant être de
la descendance d'Irikol, n'en était pas pour cela
Hellène, comme ne l'était aucun des Macédoniens.

Malgré cette nouvelle grandeur usurpée, que voyons-nous cent ans après? — «Athènes, dit M. Duruy, qui ne possède que trois navires non-pontés, et de 9,000 Spartiates de Lycurgue, 700 à peine, dont 600 mendiaient. » Or à cette époque, la Grèce n'était pas encore soumise aux Romains; elle était presque alliée de la Macédoine, et se gouvernait à son gré. Que faudra-t il en conclure ? Rien , sinon avouer qu'avec de pareilles ressources en population et en vaisseaux , il n'y avait qu'un seul Orphée de la Thrace, qui eût pu, au son de sa lyre enchanteresse , produire toutes ces villes, et , faisant par sa voix remuer les pierres, créer toutes ces œuvres grandioses de l'architecture ancienne. En tout cas, il faudrait admettre aussi en Europe et en Asie Mineure le génie et les bras des Pélasgues tyrréniens. Il serait bon aussi de se convaincre avec Xénophon , que le projet de la création d'une petite ville dans un endroit comme Calpé, est souvent plus inexécutable que celui de la prise d'une autre ville existante déjà , par exemple, dans le pays des Tybarènes (Anab. 5 5); et qu'enfin, les colons grecs , dans les villes étrangères, étaient toujours liés avec les barbares par les droits de l'hospitalité et par des intérêts réciproques.

Certes, l'Europe aime trop les lettres anciennes pour ne pas voir dans cette fécondité des

Grecs, celle de leur imagination. La prétention,
cependant, que les Macédoniens étaient des Grecs,
parce que leurs rois parlaient la langue civilisée,
est tellement absurde, qu'outre plusieurs indices
de l'histoire (comme l'anecdote d'un général ma-
cédonien ne sachant pas le grec), il suffit d'obser-
ver nos montagnards, nos Besques modernes, nos
Ahriens, nos Pomaks etc., pour se persuader que
jamais le peuple grec n'a foulé ces contrées. Et
puis, ce philhellénisme des savants est bien pré-
judiciable aux droits historiques des races latines,
d'autant plus, qu'on se plaît à mesurer la civilisation de l'Italie, par celle des Romains. Ces conquérants du monde n'étaient que les élèves rébar-
batifs des Etrusques, et ils n'avaient pas besoin des
arts, eux qui, dans les dépouilles d'une seule ville
étrusque, trouvaient deux mille statues et autres
objets d'art. La civilisation de l'Italie paraît précéder celle du Péloponése; ses dieux sont les dieux
étrusques, et non pas les dieux égyptiens, comme
ceux des Hellènes, qu'Eumalpe métamorphosa en
ceux de l'Olympe; et son Jupiter, est bien le
créateur, le *Japtyr* de la terre et des Toures, du
verbe *japtirmak* ou *iaptirmak*, ordonner, faire,
créer. La société étrusque, policant les rudes Romains, fit leur grandeur, et à la bataille de Pydna
avec les Macédoniens, ce fut un astronome italien

43

qui prédit une éclipse. D'ailleurs, l'influence exer-
cée sur les mœurs des conquérants par la littérature, la philosophie grecque et l'impiété, ne fut
que postérieure; et si les Grecs habitaient quelques
quartiers de Syracuse, de Tarente etc. , si dans le
midi de l'Italie, la langue grecque était celle de la
littérature et du commerce, si même, cette partie
de l'Italie portait le nom vague de *Grande-
Grèce* , ce nom est tellement indéfini , qu'on est
bien tenté de soupçonner qu'il ne désignait pas ,
parfois, l'*hellénisme*.

En effet, la Grèce, la Macédoine, la Thrace et
l'Asie Mineure sont actuellement à peu près ce
qu'elles étaient il y a trois mille ans. Il est vrai, que
ces pays subirent la domination des Ottomans ,
mais il ne faut pas exagérer les choses et calomnier
une nation généreuse : le glaive de Josué ou celui des Mongols n'a jamais décimé les populations
de ces contrées. Tout au contraire, grâce à la Porte
Ottomane et au Phanar, la Grèce recruta dans le
Péloponnèse et en Roumélie, une population qu'elle ne possédait pas sous les Commènes, alors que
la race presque éteinte des Hellènes se renouvelait
dans les Slaves de la Morée. Où est donc la Grèce
moderne? Est-elle à Sparte, à Athènes ? Non ,
la vraie Grèce est à Constantinople, à Alexandrie ;
à Smyrne, à Marseille , à Manchester et à Syra , comme en un point de transit commercial.

Mais , les Grecs qui y sont colonisés , ne peuplent pas les campagnes qui environnent ces villes, n'élèvent, pas les palais et les mosquées de Constantinople et d'Egypte, n'aiment pas l'agriculture et l'esthétique, et ne songent pas du tout à inventer le sixième ordre d'architecture. Tout cela est bien naturel; les Grecs ne possèdent plus d'esclaves ; et les Bulgares turcs sont trop récalcitrants pour qu'on forme et dirige leur génie , comme dans ces beaux jours où les dieux enlevaient les jolies filles et les beaux Ganimèdes et où les villes comme Troie, tombaient , non pour venger l'enlèvement d'une femme , mais pour en voir enlever des milliers. Tyr, alors, envoyait beaucoup d'esclaves à Babylone et en Perse. Partout , on avait besoin d échanger contre des Hilotes, outre quelques produits d'industrie , des esclaves , pour ne pas avoir des masses trop homogènes; et la Méditerranée était couverte de vaisseaux de Tyr , de Carthage, de l'Egypte, de Syracuse, de la Grèce , de l'Archipel, de la Cilicie, de Tarente, de l'Ionie, de la Taraconnaise , de l'Illyrie et de Massilia, *(nom carthaginois.)* Quelle langue pouvait-on parler dans ces exploitations du commerce ? Mais, précisément , celle des Tyrrènes, des Taurins, des Tourones, des Taraconnais et des Taures , et notamment, en prenant pour point de départ le noyau civilisé touranien, la langue des Gouryks , des Igours , des

Augures, des Ligures, des Huires et des Quirites.
Il paraît cependant, qu'en des temps bien reculés
(avant l'invention de l'écriture?), il se forma dans
les villes du littoral de l'Asie Mineure, de Tyr, de
Crète, etc., des langues écrites de la civilisation et
du commerce, mélanges inégaux des idiomes turcs,
d'arabe et de slave, qui seraient devenus autant
de langues distinctes, sans la prédominance prise,
bientôt, par la littérature et la civilisation
des villes ioniennes d'Asie-Mineure, sans Homère,
Hésiode, Thalés et Anacréon, qui formèrent la
langue grecque et l'hellénisme.

Voici un fait à l'appui de cette assertion :

Les Macédoniens modernes ou dominateurs en
Orient, sont les Ottomans qui n'aiment pas le nom
des Turcs ni leur langue, comme les anciens Hellènes n'aimaient pas ceux des Palasgues. plus ou
moins alliés ou barbares (de *beraber*, en turc ensemble). Les Ottomans se sont fait, depuis plusieurs
siècles, une langue civilisée à eux, mélange élé-
gant et harmonieux de l'arabe et du persan, im-
planté sur le riche fonds du turc; langue qu'aucun
des Pélasgues turcs modernes ne comprend.[1] Si
cette langue factice n'a pas prévalu, ma'gré une
multitude d'écrivains éminents, et si, au contraire,
c'est la langue des Pélasgues peu lettrés qui a prédominé, à partir de la Bosnie, jusqu'au fond de la
Mésopotamie, la cause en est qu'Abdul-Baki,

[1) Le nom des Pélasgues à la désinence turque-sque
paraît devoir être attachée au *bolisme* et *balisme*
touro-aranien des noms anciens. *Bol* en turc signifie
grand, nombreux d'où *polys* grec, et *bolchi* moscovite;
bellü en turc notoire; célèbre; et tant d'autres mots analogues. Les villes de Turkestan Pélasgoun et Beloutchguire —

prince des poètes lyriques, et Ghazali, l'Arétin des Ottomans, étaient condamnés à la tâche ingrate de se servir d'hiérogliphes sacrés, sémitiques. Il est probable, cependant, que si les Séldjukides et les Ottomans, huit ou dix siècles auparavant, n'avaient pas été musulmans, ces conquérants, se piquant toujours de civilisation et d'humauité, au lieu de se servir de l'arabe et du persan, auraient adopté le grec. Donc, comme il y a des historiens byzantins, qui font entrevoir que la noble progéniture d'Othman, n'est que celle du prince Jean Commène, réfugié jadis chez les Seldjukides, l'empire de ces nouveaux Héraclidés aurait compté aujourd'hui au moins trente millions de Pélasgues, ne comprenant pas le grec. On aurait pu même soutenir, que ce furent les Grecs qui plantèrent leurs drapeaux devant Vienne, Diu et à Tébriz, et promenant victorieusement leur pavillon dans la Méditerranée, firent parcourir par leurs *akindji* le monde, depuis le Kiptchak, Nahidjévan et l'intérieur de la Lybie, jusqu'au mont Semmering et aux chaînes de la Styrie.

Que conclure de cet exemple? C'est, que la langue hellénique était jadis ce qu'est aujourd'hui celle des Ottomans, faite sur le fonds de la langue des Pélasgues turcs, quoiqu'avec des chances bien différentes, elle ait été adoptée et se soit établie définitivement dans les ports de l'Archipel et de la mer Ionienne, et même, soit devenue celle des tribus polygènes établies en Grèce. Pour s'en convaincre, voyons la composition de la langue grecque: si la comparaison du grec et du turc, à travers tant de milliers d'années, n'est presque plus possible, si les mots identiques ont changé aujourd'hui de signification, et si dans les exemples ci-joints, nos contradicteurs trouvent l'occasion de nous faire une guerre de détail, le fait de l'analogie est très général et très frappant. J'espère donc que le lecteur ne tiendra pas compte de quelques néologismes grecs et de quelques erreurs, inévitables dans la linguistique comparée. D'ailleurs, l'esprit d'emprunt a toujours caractérisé la richesse inouie de la langue hellénique, dans laquelle on voit rarement l'origine et la dérivation des mots, pris de telle ou telle langue. Donc, la faute de noter, sans le vouloir, les nouvelles richesses de cette langue, n'est pas irrémissible.

Nos exemples se bornent aux mots d'une seule lettre, T, du dictionnaire français, comme moins embarrassés par les prépositions grecques. Je préviens le lecteur que, dans cet écrit, quoique le *ch* turc ait dû se prononcer jusqu'à présent comme en français, pour éviter la confusion avec le grec, nous l'écrirons dorénavant par *sch* allemand. (Le *Y v* grec, nous l'écrirons toujours par *y*.) On nous pardonnera, si pour faire ressortir l'analogie entre les verbes turcs et grecs, nous donnons à ces derniers, leur forme passive en *mai*.

Tabide, maladie, en grec *marasmos*, en arabe et en turco-arabe *maraz*, *marazli*.

Tabernacle, en grec *skéné*, en slave *skjinia*, en latin *scrinium*, de *sakynmak* turc, cacher; d'où *sacer*, sacré, *sakly*.

Table, en grec *trapeza*, en turc *trabeza*; mot éminemment turc.

Tableau saint, en grec *oikôn*, en tatare *oikoun*, chef, grand, maître de la maison; en turc *ouigoun*, bon, convenable; d'où *oikonomia* ou *économie*, en grec.

Tablier, en grec *tabli*, en turc *tabla*.

Tabouret, en grec *skamni*, en turc *skimlé*, en latin *scamnum*,

Tache, en grec *kélis*, et *lékies* moderne, en turc *kirli*; *lékié*.

Tâche, intention, en grec *thelésis*, en turc *dyleisch*, volonté, intention.

Tactique, en grec *taktike*, en turc *takmak*, *taka-takyschtyrmak*, qui signifie combiner, organiser; *takytmak*, mettre en contact, coordonner; et le verbe grec *taktopoiomai*, mettre en ordre, se traduit en turc par *takyschtyra-iapmak*. Le verbe grec *tassomai*, enfin, correspond à *taschmak* et *taschymak* turc, tasser, ranger, avoir la propension, et phalange, en grec *falagx*, *falagga*, signifie en turc battoir, *falaka* des écoles.

Taffetas, en grec moderne *tsamfesi*, en turc *djanlfesi*.

Taillade, en grec *machairia*. Les grecs saluent par *chaire*, *chairete*, en turco-arabe *hairler ola*, ayez du bonheur; *machaira*, *machairi* grecs, glaive et couteau, paraissent dériver de *hair* arabe, *mouhair*, surprise, ou de *mouãrrebe*, combat.

Tailler, en grec *koptomai*, en turc *kopartmqk*, rompre, et *schizomai* grec, en turc *tschyzmqk*. Quant à *kopros*, figurant dans le nom de l'empereur *Copronyme*, il ne dérive pas de *koptomai*, mais de *gubre* turc, fumier. Assurément, ce réformateur n'a pas mérité ce nom.

Tailleur, en grec *raptes*, mot arabe, pouvant signifier rapiéceur, couturier.

Talisman, en grec *telesma*, en arabe et en turc *tilism*, *talism*.

Talle, en turc *dal*, rameau, en grec *koložizzi*, de *kol* turc, ou bras.

Talus, en grec *tafros*, mot arabe.

Tamarin, en grec *tamaris*, en turc *temir-indy*, ou fer d'Inde, fruit appelé ainsi à cause de sa couleur et de ses qualités.

Tambourin, en grec *tympanon*, en turc *dumbelek*; tambour de basque, en grec *defi*, en turc *tef*, en grec *daires*, en turco-arabe *daire*. Il est à remarquer que les Grecs modernes adoptèrent une foule de mots turcs de l'instrumentation orientale, comme *tampouri*, *tassi*, *santouri*, *zournas*, *flauton*, ce qui n'est pas étonnant, si l'on observe que, depuis l'*organon*, qui paraît dériver d'*organ* ou *ourgan* turc, signifiant corde, jusqu'à harmonie qui, pouvait jadis signifier les chants et réjouissances à l'occasion des récoltes achevées, en turc *harman*, *harmanié* (rapelant quelque peu les *armenta* latins), presque tous les mots concernant la musique peuvent être contestés par les Turcs aux Grecs, d'autant plus, que les éléments d'autres interprétations, par exemple de l'harmonie, par *chara*, réjouissance, ou par *ar-monia* , sont à peu près communs dans les deux langues.

Tampon, en grec *tapa*, en turc *tapa*.

Tanneur, en grec *o argazon ta dermata* , *derilerum yrgaty*.

Tante, en grec *theia*, en turc *teze* , et *taia* en turc, nourrice.

Tape, en grec et en turc *tapa*.

Tapage, en grec *thorybos*, en turc *zorba*, tumulte; et hérésie, en grec *airesis*, en turc *airisch* ou *airilisch*, séparation, discorde.

Tapis, tapisserie, en grec *tapès*. Ce mot quoique d'origine turque, dérivant de prosterner, *tapmak* , s'emploie seulement comme *tapynmak* , être humble , d'où très-humble, en grec *poly tapeinos*, en turc *bol tapynan*.

Taquiner, en turc *takynmak*, en grec *peismatonomai*, en turc *pischman etmek* , en grec *peirazomai* , en turc *perischan etmek* ?

Tarabuster, en grec *zalizomai* ، verbe slave, en turc *tchalmak*, frapper, jeter, et en grec *tarattomai*, en turc *tar mar etmek* et *tart etmek*, chasser.

Tard, en turc *dar (vakyt)* , tarder, en grec *argomai* , en turc *arkade guelmek*, venir dernier ; ainsi , le plus tardif, en turc *en arkade*.

Tare, en grec *fyra, dara*, en turc *fira, dara*.

Tarentelle, danse, en grec *eidos chorou* , en turc *horaia aid* : *aid* signifiant corrélatif , concernant , spécifiant.

Tarentule , araignée, en grec *eidos arachnès*, en turc *orundjeka aid*.

Tarif, en grec *tarifa*, en arabe et en turc *taryf*.

Tarlatane, en grec *eidos araiou bambakerou*, en turc *arali (serck) pambouk bezlera aid*.

Tarse, en grec *tarsos*, en ~~ancien~~ turc *(aiagoun) taraky*, et *tarz* en turc, forme.

Tartane, en grec *tartana*, en ancien turc *tartan*, vaisseau, navire, en grec *karabi*, en slave *korab*, paraît avoir été *kara-oba* turc, ou gîte noir.

Tasse, en turc *tas*, coupe, en grec *flyzani*, en turc *fildjan*, en polonais *filijanka*.

Tasser, en turc *taschmak*, porter, ranger, en grec *soreyomai*, en turc *sourmek*, pousser, porter l'un sur l'autre, et *sourou olmak*, s'agréger; *sourou*, en turc troupeau, amas; en grec *sôreia*, amas, tas.

Tassement, en grec *katakathisma*, en turc, si on veut, *kat-kata-kalischmak* et *kat-kata-katmak*, c'està-dire, mettre étage sur étage, mêler uns chose avec l'autre. On voit donc d'où les Grecs prirent leur préposition kata.

Tâter, en grec *dokimazomai*, en turc *dokunmak*, toucher.

Taudion, en grec moderne *ahouri*, en turc *ahyr*, étable, en grec *staylos*, en slave *stainia*, en turc *establa*, *tavla*.

Taure, taureau, en grec *tavros*, en turc *tavar*, désignant aujourd'hui bétail à cornes; et *boa* turc, taureau, correspond à *bous* grec, bœuf, tandis que *bouzak* turc, signifie petit bœuf, et *manda*, buffle, mot dont on voit les traces dans *mandra* grec, en turc *mandra*, parc, gîte des troupeaux, abri.

Taverne, en grec *kapeleion*, de *kap* turc, signifiant verre à boire, d'où cabaret.

Taxe, en grec *taxis*, arrangement, en arabe et en turc *taxis*, *tahsis*, disposition, taxe, rang; mot qui paraît

dériver de *takysch*, *takmak* turc, imposition arrangement.

Technique, nous avons déjà parlé de l'origine de ce
mot.

Teigne, maladie du cuir chevelu, en grec *kassida*,
kassidiares, en turc.*(basch)* *kaschitma*, démangeaison
(de la tête.)

Tempérance, en grec *egkrateia*, en turc ~~kouratmasy~~
(kiendyny) ; et en grec *sofrosyne*, correspond en turc à
sofra, table, dîner; à *softa*, sophiste, à *sofou*, sage,
pieux, en grec *sofos*, pur, clair, d'où *safencia*, en turc
saflik, pureté, clarté, franchise.

Tempête, en grec *kataigis*, mot tatare ; et en grec
fourtouna, en turc *fourtouna*, comme *tyella*, serait peut-
être en turc *tolou*. grèle, tempête. En tout cas, aquilon,
en grec *Boréas*, vent boréal, est le *poiras* turc, qu'il ne
faut pas confondre avec *bora* turc, bourrasque.

Temporel, en grec *kosmikos*, de *kosmos* grec, monde,
tandis qu'en turc *kosch*, *koschum*, signifient à peine
cours(du temps), course, attelage, arrangement; mais en
persan, *koschum* signifie multitude. armée. D'ailleurs,
les anciens représentaient les dieux des divers éléments
sur des chars différemment attelés, et *kosmo*, en grec,
signifiait aussi, parer arranger.

Temps, en grec *kairos*, a la même analogie avec *hair*,
hairli arabo-tur c, qui existe dans trois noms français :
heur, heureux et heure. *Kairy* en turc, signifie déjà,
enfin; et *kouroum*, *kouroun*, en grec *kronos*, peut signifier aussi création, durée, splendeur.

Tenailler, tourmenter, en grec *basanizomai*, en turc
basynmak, *basmak*, opprimer.

Tendance, intention, en grec *thelésis*, en turc *dyleisch*, et vouloir, en grec *boulomai*, dérive de *wola* slave.

Tenir, k*ratomai*, en turc *kouratmak* , soigner ; en grec *bastomai*, en turc *bas etmek* , presser (dans les mains) , saisir; et en grec *kolnomai*, en turc *koulanmak*, employer.

Tenter, intenter, en grec *kinomai*, en turc *kynmak* , *kyimak*.

Tente, en grec moderne *tenta*, en turc *tenta*.

Téorbe, (voyez Tambourin).

Térébinthe, en grec *terminthos* , en turc *tremenly* , *derman*, médicament, force, on appelle du nom de *neft*, le produit minéral de la Hazarie du Caucase, en grec *nefti*.

Terme, en grec *terma*, correspond au turc *dourmak*, s'arrêter; et terminer la vie, en grec *televtomai* , en turco-arabe *telef olmak*.

Ternir, en latin *color obsoletus*, en grec *soloikizomai*, faire des solécismes; en turc *solmak*, perdre la couleur, être trop usé.

Terrasse, en grec *terratsa*, *doma*, *seti* ; en turc *talasch*, *dam*, *set*, plateforme, lit, en grec *krebbati* , en slave *krovat*, en turc *kirevet*.

Terre, en grec *gé*, en turc *ier*; en grec *chôma*, en turc *koum*, sable, en particulier, et terre , en général ; en grec *chôra*, en turc *korou*, champ, *kora*, cour en tatare, et *kara* (noir), terre-ferme; en grec *topos* , en tatare *topa*, en turc *toprak*; en grec *agros*, en turc *ekier*, *ekin* récolte.

Terrasse, hutte, en grec *kalybe*, en polonais *haloupa*, en turc *koulibe*.

Terreau, en grec *chôma me koprian dia fyteima* , en turc *koumile gubre fidanlera*; horticulture, en grec *fytokomia*, en turc *fidan komak*.

Terreur, en grec *tromos*, *frike*, en turc *titreme*, ▬▬▬;

et *Gorgones*, monstres aux cheveux de serpent, en turc *korkondj*.

Terrine, en grec *gabata*, en turc *cavata*; en grec *gkiu-betsi*, en turc *kub*, *guvetsch*.

Terset, en grec *skafeiou*, *tsapas*; en turc *tschapa*, *schapa*.

. Testacé, de *testa* turco-latin, pot; limaçon, en grec *saliaykos*, de *salion* grec, salive, en turc *salia*, *saly*.

Testonner, en grec *kallopizomai*, en turc *kalouble-mek*.

Tête, en grec *kefale*, en turc *kafa*.

Texte, en grec *to keimenon*, en turc *kefmend*, lien.

Thème, en grec *thema*, en turc *deme-sy*, énoncé, et Thèse, en grec *thesis*, en turc *deisch*, assertion.

Théologie, en grec *theologia*, en turc (*dev*) *logaty*, *lakierdy*.

Thériaque, en grec *tériaké*, en turc *tiriaki*.

Thermes, bains, en grec *thermai*, correspond à *ter*, sueur, à *derman*, force vitale, d'où, peut-être, la *thera-peutique* grecque.

Thésauriser, en grec *thesaurizomai*, en turc *tez-eur-mek*, *tez-eurtmek*, cacher vite ?

Thym, en grec *thymos*, *tymari*, en turc *tymar* *tchi-tscheghi*.

Tiare, en grec *koróna*, de *kor*, komak *kourmak* turc, mettre, élever; nous avons déjà dit que *kouroum*, peut signifier aussi splendeur, comme *kourounty*, anxiété inutile, *curæ* latin.

Tibia, en grec *to kalami tes knimes*, en turc *aiagoun kalémy*.

Tic. en grec *kaké sinetheia*, en turc *káka*, mauvais,

dans la langue des femmes et des enfants , et *sunnet* , mot arabe, signifiant coutume.

Tien, tienne, en grec *sos, sé* , *son* , en turc *senin* , *syzin*.

Tige, *kotsani*, en turc *kotschan* ; en grec *kaylos to kotsani ton fyton*,*kormos*, en turc *kol koschany fidanoun, kouroumy* ?

Tillotter, en grec *kopanizô**** to kannabi* , en turc *kopartmak kynnaby*; tillote, en grec *kopanos dia to kannabi*, en turc *kynnabtan kopan*.

Tiller , en grec *xefloudizô**** to kannabi* , en turc *tschyrplidmak kynnaby*.

Tirade, en grec *seira fraséon*; *seira* , série , en turc *syra*, et *frases*, en slave *vyzaz* , expression , ou peut-être *verysch* turc, donnée.

Tirant, en grec *gaeitani surtothéleias* , en turc *gaitan surutmeteldan* ?

Tire-lire, en grec *koumparas*, en turc (*kom-para*) *koumbara*.

Tirer , en grec *syromai*, en turc *sourmek*, traîner; et en grec *pairnomai*, en turc *aparmak*.

Tiroir, en grec *syrtari*, en turc *sourtme* (*dolab*) ; et verrou, en grec *syrtes*, en turc *sourgui*; *syrt* en turc, dos, crête, bas-fond, rappellé la grande et la petite Syrte des anciens.

Tituber , en grec *klonoumai*, en slave *klaniali*.

Toaste, toaster, en grec *pinomai*, *propinomai*, verbes slaves.

Tocane, vin, en grec *krasi*, en slave rouge , bon ; et *oïnos* grec, *oïoun* turc, jeu et joie.

Toge, en grec *tebennos* , en turc *tscheben, tschebkien*.

Toilette, boîte, châsse des martyrs, en grec *koyti*, en turc *kouti*; et coffre , *kibotion* grec , arche de Noë , *kibotos*, paraissent dériver de *kabata* turc ou *kavata* , vase, vaisseau. Notons, que pour les noms mystérieux , en turc *muschterek*, *muschteri*, familier, pratique (car mystère dérive du grec *myésomai* , faire adepte) , on se servait le plus souvent des langues primitives : par exemple ; hymne , en grec *asma*, en arabe *asma* (*schérif*) ; immatérialité, en grec *aulia*, en turco-arabe *evlia* (*lik*); indivisible, en grec *adiairetos* , en turco-arabe *adm-aira-bilen*; Sainte-Vierge, *Theotokoz*, de *dogmak*, *toghma*k turc, naître, enfanter , qui , anciennement , renfermait aussi le sens moral d'enseignement, en grec *dogma*; car *dogrou*, en turc signifie droit , juste , et *dogrutmak* , redresser, en latin *docere*.

Toison d'or, de *tossoum* turc, bélier; en grec *to hrysomallon deras*, en turc *altoun malun derysy* ; *mal* en turc, propriété, troupeau.

Toit, en grec *stégé*, mot slave et touro-aranien *tekie*.

Tomate, en turc et en grec *tomata*.

Tombac, en grec *tompaki*, en turc *tombak*.

Tombeau, en grec *tymbos*, *tafos* , en turc *djumba* , *tav*, logement, cellule.

Ton (pronom) , en grec *sos*, *se*, *sen*, en turc *senin*.

Ton, en grec *tonos*; comme nuance de couleur , en turc *don* : *don* signifie aussi changement de voix en chantant, mais non pas le ton de la voix.

Tonne, en grec *barella*, *boutsi*, en turc *foutschi* et *baril*, , de *barynmak*, conserver, ou de *var-il* , ayant la même signification.

Tonnelier, en grec *barellopoïos*, en tur *baryl iapan*.

Topographie, de *topos* grec,. en tatare *topa* , en turc *toprak*, terre.

Toquet, en grec *skoufias*, en turc *uskuf*, ancienne

coiffure ottomane, et toute chose creuse qui en enveloppe une autre.

Torchère, en grec *massalas*, en turc *meschale*.

Torchon, en grec moderne *patsaboura*, en turc *pa-
tschevra*.

Torpeur, insouciance, en grec *amerimnia*, en turco-*arabe*
meramsyzlik.

Torrent, en grec *cheimarros*, en slave *chmara*, multitude; en grec *potamos*, en slave *potok*.

Torrentueux, en grec *cheimarródes* ; en turc *hamu-
rat*, actif, impétueux, et *schimarmisch*, *schimartmak*,
gonflé, fougueux, d'où chimère, en grec *chimaira*,
monstre.

Tort, en grec *zemia*,, en turco-arabe *zem*, et indem-
nité, en grec *apozemio*, en arabe *tezmin*.

Tortillon, en grec moderne, *sariki*, en turc *sarik*. Il
parait que l'ancien mot grec *sarx*, chair, signifiait peut-
être enveloppe (de l'âme), du verbe turc *sarmak*, envelopper, serrer; autrement, l'explication des sarcopha-
ges, par *manger la viande*, est absurde. Les sarcopha-
ges n'étaient que l'enveloppe des cadavres (*sargui*
turcs), pour que ceux-ci ne fussent pas mangés par les
carnivores. Quant aux verbes grecs *sárkasomai*, dire
des sarcasmes, et *sarkonomai*, prendre de l'embonpoint,
ils dériveraient du verbe turc *sarkmak*, être saillant, a-
voir, ou être de trop.

Toster, *pino* slave.

Toton, en grec moderne ? *firildaki*, en turc *firyldak*.

Totalité, en grec *olokleria*, en tatare *olouklik*, grandeur.

Toucher, en grec *dokimazomai*, en turc *dokunmak*,
et remuer, en grec *saleyomai*, en turc *salamak*.

Touée, corde, en grec *orgyon*, en turc *organ*, *ourgan*.

Toupillon, en grec moderne *pertses*, *topqtsi*, en turc *partscha*, *topatsch*.

Tour, en grec *pyrgos*, en turc *bourdj*.

Tour de rôle, en grec *seira*, *arada*, en turc *syra*, *ara-de*; en grec *eycheiria*, en turc *ei hair*, bonne chance. On voit de là, que les Grecs., soit en bien soit en mal, soit *ey*, soit *kakos*, sont bien d'accord avec les Turcs.

Tourment, en grec *basanos*, en turc *basky*, oppression; et tourmenter, en grec *basanizomai*, en turc *basynmak*, *bastyrmak*.

Tourner, en grec *strefogyrizomai*, en turc *etrafa guirichmeh*, *etraflemek* ? tour, en turc *devr*. *Strefomai* grec, parait dériver de *strefit*, verbe analogue slave.

Tournoyer, en grec *peridinoumai*, en turc *donmek*.

Tourte, en grec *petta*, en turc *pide*, en grec *plakous*, en slave *placek*.

Toute-puissance, en grec *pantodynamia*, de *dynatos*, en turc *dyndj*, fort, puissant, d'où le turc *dynenmek*, reprendre des forces.

Tracer, en grec *charattomai*, en turc *karatmak*, et *schediozomai* grec, en turc *tschet–le iazmak*.

Trafic, en grec *emporion*, correspond, peut-être, à *ambar* turc, magasin, boutique, et *aparmak*, prendre ?

Trahison, en grec *prodosia*, du mot slave *prodass*.

Trainage, en grec *syrismon*, en turc *suruschme*, *surukme*.

Traînant, en grec *syrcmenos*, en turc *surenen*, ; en grec *syrtos*, en turc *syrt*.

Traîneau, en grec *sania*, mot slave.

Traîner, en grec *syromai*, en turc *surmek*.

Traire, en grec *almegomai*, en turc *almak*, prendre.

Trait, en grec *sagitta*, en turc vulgaire *saguitma*, jetée, lancée.

Traitement, en grec *therapeia*, correspond à *ter*, sueur, à *derman*, médicament, et à *iapeior*, faire.

Tranchant, en grec *kopteros*, en turc *kopartan*, rompant.

Tranchée, en grec *orygma*, *handaki*, en turc *iarygma*, *hendek*; en grec *koilas*, *koilisma*, en turc *kouiou*, puits, et *koi*, *koiluk*, effondrement, vallée entre les montagnes; et le *tafros* grec, en arabe *te hafr*.

Tranque, (voyez Terset.)

Transporter, en grec *metakomizomai*, en turc *komak* (*baschka iere*); en grec *metabibazomai*, en turc *basmak* (*baschka esas uzre*), *metastasis* en slave.

Transporter (sur le dos), lever, en grec *sékonomai*, en turc *tschekmek*, *tschekinmek* : par exemple, il haussa les épaules, en grec *esekose tous ômous tu*, en turc *omouxyny tschekty*; lever le loquet, en grec *sekono ton mandalon*, en turc *mandaly tschekty*: ôtez-vous de là, en grec *sekô ab' e kei*, en turc *tschekil ordan*; enlevez cette table-là, *sekosé to trapezi ap' ekei*, en turc *tschekyn bou trabezai*.

~~Trans-océanien, en grec *hyper ôkeanion*, dont *hyper* ou *yper*, en turc *obir*; et *ôkeanos*, mot arabe.~~

Trappiste, énergumène, en grec *korybas*, en turc *kourybasch*, tête nue, tête sèche. Ce mot n'est pas moderne, car on sait que ce sont les *kourybasch* de Crète, qui élevèrent Jupiter.

Travail, en grec *ergasia, ergocheiron;* en turc *yrgatlik, yrgatlik hairli,* et les mots grecs *kopos, kopiazomai* sont d'origine slave et turque.

Travailler, en grec *ergazomai,* en turc *yrgatleschmek;* en grec *ascholoumai,* en turc *tschalischmak ;* en grec *epexergazomai,* en turc *bedjerykleschmek ?* en grec *basanisomai ,* en turc *basynmak.*

Trébuchet, en grec moderne *beznes,* en turc *vezne.*

Tréfileur, en grec *syrmatourgos ,* en turc *syrmadji turky.* (voyez page 250.)

Treille, en grec *klemataria,* en turc *bagh kalemlik.*

Treillis, en grec *kafasy,* en turc *kafes;* en grec *klóbión;* en turc *koulibe;* et ~~edivery~~, en grec *klozzo,* en turc *klouschka.*

Tremper, en grec *mouscheyomai,* en turc *imouschamak,* ramollir.

Trépan, en grec *trypani,* en turc *tyrpi , tyrpan* etc., instruments incisifs.

Trépas, en grec *teleyte,* en turco-arabe *telef.*

Trembler, en grec *tremomai,* en turc *titremek.*

Tressaillir, en grec *anaskirtomai ,* en turc *seguirtmek.*

Tribulation, en grec *peirasmos,* en turc *perischanlik.*

Tresser, en grec *plekó,* verbe slave.

Tribut, en grec *foros,* en turc *verysch ,* donner , ou *vourousch,* frapper (d'impôts)?

Tricot, en grec *tsomaki,* en turc *tschomak;* tricoter , en grec *pleko kaltsan. Plekó* est verbe slave , et *kaltschin,* désigne en turc toute espèce de chaussure.

Trique, en grec *matsouki,* en slave *maczuga ,* nom , à ce qu'il paraît, turco-slave.

Trois, *treis* slave.

Trictrac en grec *tabli,* en turc *tabla.*

Trigauder, tromper, en grec *dolieyomai*, en turc *do-lanmak*.

Tripe, en grec *tzieria*, *entera*, en turc *djiier*, *djiguer*, et *enderun*, *entary*, tout ce qui est et ce qui porte dans l'intérieur.

Trognon, en grec *kotsani tou lahanou*, en turc *lahanaiun kotshany*; trognon de choux.

Trompeur, en grec *apatheon*, en turc *balaktschi*, et tromper, en grec *dolonomai*, en turc *dolanmak*.

Trôner, en grec *kathemai epi thronou*, *basileys*, *kadym olouroum*, *baschyli* (chef).

Trop, en grec *poly*, en turc *bol*, *bol*, beaucoup; amplement.

Troupeau, en grec *agele*, en turc *agnan*, et les mots grecs *poimion*, *kopadi* sont d'origine slave.

Trot, en grec *linglemes treximon*, en turc *ling-ling-lingleme trysy*.

Trousse, en grec *demati*, en turc *demet*; en grec *desma*, en turc *taschma*, fardeau, et *tasma* turc, lien, en polonais *tasma* dérivant de *taschmak* turc, tasser, porter.

Trouvable; en grec *eyrethy*, en turc *erety*, provisoire.

Trouver, en grec *eyrisko*, *eyreka*, en turc *eugrendim*, *erdim*, *erischtim*, j'appris, j'atteignis.

Trouvaille, en grec *eyréma*, en turc *eugrenme*, et investigation, en grec *ereyna*, en turc *aranma*. A propos de ce verbe grec, rappelant Archimède, observons qu'*ark* d'Asie, signifie aqueduc, première condition de sociabilité dans ces pays d'irrigation, faisant sentir le besoin d'un gouvernement, soit pour creuser des canaux, soit pour distribuer les pouces d'eau. Jusqu'à présent même, les intendants des communes portent chez nous le nom de *soubaschy*, roi ou chef de l'eau.

Voici, selon nous, l'origine des *monarchies* et *polygarchies* grecques. Notons, qu'*arché* grec, désigne aussi source, origine; d'où *archaios* ancien, et qu'outre *arkh* turc, les Hellènes paraissent se servir aussi d'*arka*, nom turc, signifiant derrière, nom qui, sousentend aussi en turc la protection, la force provenant de sa suite et de sa troupe, pouvoir. Quant à l'autre partie du nom d'Archimède, observons que *meth*, signifie louange ; mais *medet*, n'est que *mederi* latin, porter secours. Ainsi, le nom de Ganimède (échanson de Jupiter), nom très connu des femmes turques (*Ganimé*), signifie porteur d'abondance. Mais finissons le vocabulaire.

Tu, toi, en grec *se*, en turc *sen*.

Tubérosité, en grec *ogkos*, en turc *okka*, tout ce qui est rond et volumineux.

Tuile, en grec *toubulon*, en turc *toughla*.

Tuilerie, en grec *kerameia*, en turc *kiramitlik*.

Turbulent, en grec *serpetos*, en turco-persan *serbest*.

Tulipe, en grec *lales*, en turc *lale*.

Turlupiner, en grec *maskareyomai*, en turc *maskaralik*.

Turquoise, en grec *perouzes*, en turc *perouze*.

Tuyau, en grec *solyn*, de *solamak* turc, prendre l'air.

Tyran, en grec *tyrannos basileys*, en turc *tourhan*, *tarhan*, *baschi-li*.

Les exemples susmentionnés des mots sous la lettre T, sont bien incomplets, mais le lecteur peut être certain d'en trouver davantage sous quelque lettre de l'alphabet que ce soit. On voit suffisamment, que le fond de la langue hellénique paraît avoir été celle des anciens Gouryks turcs, quoiqu'elle ait la volubilité de la langue arabe , ou plutôt copte. Quant au slave, il n'y tient que la dernière place.

Pareillement, l'histoire de la colonisation de l'Italie serait bien simple , sans ce va-et-vient des peuples qu'on admet dans l'histoire et que rien ne justifie. Nous croyons à l'identité des Japyges d'Italie, avec Japaria, et des Tusci , avec Toscaria d'Epire, séparés à peine par le détroit d'Otrante ; mais comment croire à la colonisation des Espagnols ligures, fuyant, à ce qu'on dit, en sens inverse, les Gaulois , par la Gaule, en Italie ! Quant aux colonies des habitants de l'Illyrie , dont le nom rappelle trop les Illergètes, Illercaones, Iliens, et les rivières Iller, Ilek, Ill, Ille, Ilargus et surtout Ili de Touran, nous croyons que ce pays était, avant tout, placé sur le passage des tribus d'Asie , mais qu'il n'a pas fourni un grand contingent d'Illyriens (?) pour peupler l'Italie. Un peuple , s'établissant dans une contrée, en occupe les plus belles vallées; mais pressé à son tour par d'autres peuples et refoulé une fois dans les montages, il ne les abandonne presque jamais. On aime les montagnes, et les troupeaux qui y sont élevés périssent dans les plaines. Ce furent les steppes, nécessitant le mouvement, qui peuplèrent l'Europe: et il est à présumer que, sauf quelques tribus qui habitaient passagèrement les bords du Kouban, du Térek et du Kouma, les habitants du Caucase sont aussi anciens que nos Guègues , nos Lapithes et nos Toskes.

Les anciennes populations de l'Italie paraissent donc être assez homogènes. Les Vénètes slaves étaient au fond du golfe Adriatique ; au Nord de l'Italie, les Ombriens gaulois; au fond du golfe de Gênes, les Taurins et les Ligures; et dans les Appennins, les Marses et les Sabelliens, peuples pasteurs et vaillants. Toute l'Italie était couverte de villes tyrrhéniennes ou étrusques; dans l'Italie centrale , la confédération des villes organisées par les Rha-Zenas inconnus (Zena de Rha?) ; au Midi, les villes et les peuplades guerrières des Sabins ou des Samnites, confédérés, peut-être, par la civilisation des Igours avec les restes des Japyges, des Oenotriens et des Sicules; partout, enfin , les tribus turco araniennes occidentales (côté de l'Imaüs) , et la civilisation touro-aranienne. Voilà le tableau de l'ancienne Italie.

Sur la rive gauche du Tibre, cependant , existait une petite peuplade du Latium , qui, grâce aux Romains, devait donner sa langue à toute l'Italie. On suppose, que c'était une tribu d'Osques ou d'Ausoniens, qui, se mêlant avec les Sicules et les Tyrrhènes, donna l'existence à ces peuplades ; toutefois , cette supposition n'explique rien , à moins qu'on ne fasse des Sicules et des Cyclopes ,

les Saklabes slaves des Orientaux. Nous croyons
aussi, que ce furent les Osques ou Ouzes d'Ouz-
kiend, qu'Ammien appelle Ascani, qui formèrent
la nationalité du Latium ; la raison en est qu'en
considérant la langue latine, caractérisée par la
terminaison en *us*, cette circonstance nous rappelle nécessairement quelques colonies des Ouzes
d'Asie-Mineure, qui disent moi *euzum*, toi
euz, *euzun*, et qui ont le tic d'appeler, non seulement chaque chose à la troisième personne par
euz, *euzy*, , mais d'indiquer par ce mot la subs-
tance et l'identité des objets. De toutes les tribus
turques, d'ailleurs, suivant les Chinois, les Ouzes
et même les Ous-iun, ont la plus sûre réputation
d'avoir été allaités par une louve (1) ; et suivant
Ammien, *Lithynon Pyrgon* se trouvait près d'Ouz-
kiend, au pied de la montagne *Ascanima*, ce qui
nous rappelle que le fils d'Enée portait le nom
d'Ascanius. Mais, la langue des Latins ne s'explique que par une alliance des Turcs avec les
Slaves; la preuve en est qu'il n'y a aucune terminaison, dans la conjugaison des verbes la-

(1) Kam-mo, Ven-hien-tum-kao, Lie-taï-ki-su
Hen-chou, cités par de Guignes.

tins , qui ne soit slave ou turque. Exemple :

Indicatif présent.

	Latin	Slave	Termin. turques
(Je vois)	video	vizu	em
	vides	vidisz	s-en
	videt	vidit	t-yr
	videmus	vidimy	mus
	videtis	viditie	is, tis
	vident	vizut	t-yr (lar)

L'imparfait latin correspond pareillement au présent des verbes fréquentatifs. Par exemple :

(J'étais debout) stabam, stavam
stabas, stavasz
stabat, stavaiet.

Il est vrai, que la terminaison de l'imparfait des verbes fréquentatifs slaves , par exemple : sta*valem* , sta*vales*, sta*val*, n'est que *varim*, *varsen*, *var* turc (je suis, tu est , il est,) et que la forme du passé parfait dans la troisième conjugaison latine est turque ; on ne peut nier cependant , que les terminaisons slaves ne se soutiennent à l'actif des verbes latins , jusqu'au plus que parfait, qui est turc. Par exemple :

gesta*veram*, guetyrdy*imvar*
gesta*veramus*, guetyrdy*musvar*.

Le futur simple, en *abo* et *ebo* , est peut-être encore slave ; celui en *am*, est turc. Par exemple : j'attirerai , *alliceam* , en turc *alyschaim* , *alyschtiraim* Le futur second en *aro* et *ero*, et tous les temps du substantif en *arem*, *erem*, *irem*, *verim*, *issem*, sont turcs , malgré quelques discordances dans la signification des

47

temps. Par exemple : je durerais, *duravero*, en turc *du-raveryrim* ; j'eusse frappé , *verberavissem* , en turc *vourmisch isam*; *evertimus*, *devirttimus*.

Nous avons déjà parlé de plusieurs formations analogues dans les deux langues turque et latine. L'infinitif latin se forme de la troisième personne du présent de l'indicatif turc. Par exemple: il met çà et là, en turc *serper*, en latin *serpere*. Le participe passé et le *supin* latins se forment du passé parfait turc. Par exemple: *kapty* turc, il a saisi, d'où *captus, captum* latin. Le participe futur latin en *turus*, représente nos verbes impératifs ou exécutifs, dont on voit l'exemple dans les verbes français, contrarier et contrain*dre*. Sans prétendre que ces règles soient absolues, observons que la conjugaison des verbes latins passifs est presque exclusivement turque. Par exemple : *tremitur*, il fait trembler, en turc *titretyr*; la robe a perdu la couleur, en latin *vestis obsolescitur* , en turc *fistan solmaktedyr*; soyez variés, en latin *variamini*, en turc *vari, vari olynis*. Mais finissons cette matière par l'analyse de quelques vers de Virgile :

« Cruel Alexis ! vous dédaignez mes chansons; vous êtes insensible à ma douleur , et à la fin, vous me ferez mourir. »

O crudelis Alexis, nihil mea carmina curas,
Nihil nostri miserere; mori me denique coges.

Crudelis, en turc *kuru deli* , sec et fou ? en slave *okrutny*.

Nihil, en slave *nic*, en turc *ne*, (*nec* latin.)

Mea, en slave *moia*.

Carmen, en turc *karama*.

Curare, en turc *kourmak*.

Noster, en slave *nasz*, la finale *ter* est turque.

Miser, en turc *miskin*.

Mori, mortuus, en turc vulgaire *mourt*.

Me, en slave *mene, mie*.

Denique, deinde, en turc *dein de* !

Cogere, en turc *kogmak, kovmak, koia-komak*?

« Voyez les Nymphes qui vous offrent les lis à pleines corbeilles ; la plus belle des Naïades rassemble pour vous les violettes, les pavots, le narcisse et l'anet qui répand un si doux parfum... »

. . . . Tibi lilia plenis
Ecce ferunt Nymphae calathis. Tibi candida Nais
Pallentes violas et summa papavera carpens,
Narcissum et florem jungit, bene olentis anethi...

Tibi, en slave *tobie, tebie*.

Lilia, en slave *lilia*, en turc *lale* (tulipe).

Plenus, en slave *pelny*.

Ecce, en turc *iektsche, ischte*, voici, tout d'un...

Ferre en turc *vermek*, donner, porter.

Nympha, en turc *nym-peri, nym-fée*, demi-fée ?

Calathus, en turcoman *kieletyr*, corbeille.

Candidus, en turc vulgaire *kandjik*, vierge; *kandyl*, lampe ; *kanmak, kandyrmak*, avoir la candeur, se laisser persuader.

Pallens, en slave *bialy, blady*.

Viola, en slave *fiolek*.

Carpere, en turc *kyrpmak, tchyrpmak*, cueillir.

Narcissus, en turc *narkis*.

Summus, parait être *szumny* slave, s'il n'est *uzun* turc, long.

Anethus, en turc et en slave *anyz, anason*.

Jungere, de joug, en turc *iuk, juk*, ou de *ian komak*, mettre à côté.

Flos, en turc *flis*, bouton d'une fleur, plante etc.

Finissons ces exemples par quelques corollaires :

1. Si, grâce aux Romains, la langue d'un petit peuple latin a joué un rôle si important , les Quirites romains n'étaient pas des Latins. . On sait qu'en 340 avant J.-C. , quand les Latins , après de longs services rendus aux Romains , profitant d'une guerre très rude qu'eurent ces derniers avec les peuples d'Italie, envoyèrent leurs préteurs·demander à Rome, qu'un des deux consuls et la moitié des sénateurs fussent pris parmi les hommes du Latium , les Romains, tout d'une voix, repoussèrent cette prétention. Malgré le péril d'une guerre générale, Manlius Imperiosus jura de poignarder le premier Latin qui viendrait siéger au sénat. Les historiens sont d'accord , que de toutes les peuplades d'Italie, les Sabins , peuple presque identique à celui des Samnites , fut celui qui influa le plus sur la formation du peuple latin. Quant à la tribu dominante des Ramnenses , ceux-ci paraissent être Erymi ou Rymni, Scythes occidentaux, voisins des Samnitæ d'Asie, qui, selon Ptolémée, s'étendaient jusqu'aux monts *Rhym·nici*. Suivant ces indications de la géographie ancienne, les Ramnenses paraissent donc être une des tribus ou *Urbans* des Kires (Bach-kires , kirghis) , comme les Titienses, celle des Sabins ou des Samnites..... En effet , le nom des Quirites

était commun aux Sabins et à la descendance des compagnons de Quirinus ou de Romulus. Quant aux Luceri, ils paraissent être l'ancien peuple vaincu de Rome.

2. Cependant, quoique le noyau de Rome paraisse être exclusivement turc, le peuple romain adopte successivement dans son sein tous les peuples d'Italie. C'était donc une composition, pour ainsi dire, turco-slave, comme l'empire d'Alexandre-le-Grand et de Lysimaque ne fut qu'un mélange thraco-slave. Nous comprenons aussi sous ce nom nos Aryas albanais (*Alp*, haut, brave, nom porté par Alp-Arslan et par les compagnons d'Othman et d'Orkhan). Après cela, comment qualifier l'aveuglement des Jugo-Slaves de la Turquie, qui se laissent entraîner par les Finno-Mongous, dans un antagonisme contre les Turcs ? Loins de vouloir démêler, dans les chroniques bysantines, que ce furent les khans des Avares, qui les organisèrent, en les armant contre les Bysantins et contre les Teutons, ils ne se demandent pas, comment deux petits peuples slaves, jouissent de l'indépendance la plus complète sous les ailes de la Turquie, quand de grandes et célèbres nations slaves endurent l'esclavage ? L'alliance turco-slave et sarmato-slave, ancienne comme le monde, fut, à ce qu'il paraît le berceau de cette race. Cette alliance de tous les temps était la seule possible ;

parce que, les Turcs seuls respectent les nationalités et leurs idiomes. On n'a qu'à voir le long martyre de la Pologne , et songer que, plus que la défectuosité de ses institutions, ce furent les vues religieuses, introduites postérieurement par les Jésuites, qui , l'armant contre les Turcs et contre les dissidents religieux, perdirent cette grande nation; cet exemple suffira à faire mesurer le gouffre, qu'au même titre, préparent aux Slaves les Starovertsy (Vieux-Croyants) moscovites.

3. La même considération concerne l'ancien noyau turco-égyptien ou turco-arabe des Hellènes, dont l'agitation fébrile et anti-européenne paraît le condamner à un sort bien triste, soit dans les étreintes de la Russie, soit par la juste colère de l'Europe. Il est vrai, que les îles et les presqu'îles de la Grèce défient, par leur configuration géographique, tous les essais de centralisation, sans précédent dans l'histoire, et sans but dans un pays dont les habitants ne sont pas agriculteurs, tandis que le commerce de chaque partie de la Grèce se doit à soi-même. Cependant les Hellènes , qui doivent tout à l'Europe, et se font remarquer par les Moscovites, offrent un spectacle bien triste de l'absence de principes moraux. Il serait donc ridicule de demander comment les enfants d'Alcibiade ne comprennent pas que tous leurs intérêts leur prescrivent de se tenir attachés à la cause de

l'Orient. Cela est surtout vrai au moment où l'Europe civilisée et libérale est plus que jamais puissante, et que le canal de Suez allant s'ouvrir, les villes de la Grèce auraient pu, peut-être, par leur alliance sincère avec la Turquie, ramener dans leur sein une prospérité qu'elles n'ont pas possédée aux temps d Agesilas et de l'empereur Héraclius.

4. Quant aux prétendus civilisateurs du monde, qui se demandent ce que font les Turcs en Europe, et qui disent que cet état de choses n'est, aujourd'hui, qu'un anachronisme, observons que ces grands réformateurs présentent eux-mêmes le plus déplorable anachronisme, — celui de leurs opinions incompatibles avec les lumières du dix-neuvième siècle.

5. La fameuse théorie de l'indo-germanisme générique, outre qu'elle n'est basée que sur des suppositions gratuites, contraste évidemment avec le caractère absorbant et égoïste de la jeune nation teutonique, dont la moitié se compose de Toures, de Slaves et de Prussiens teutonisés. Sans parler du verbe infini turc, il suffit de comparer les formes rudes du verbe teutonique avec celles des verbes grec, latin, italien, pour rejeter la prétendue paternité... (1) De même, la classification des Turcs,

(1) Le mot de germanisme paraît dériver de *iermans* ou *jermans*, pouvant signifier en turc, ceux qui sont

en Turcs proprement dits (?) et en Turcomans ou
Comans, est dénuée de tout fondement. Il est vrai,
que la langue turque présente plusieurs dialectes,
que le noyau des Aryas japhétiques comprend
deux ou trois sous-familles puissantes à l'extrême
Orient, et qu'enfin, les tribus turques et galates de
la race caucasique ont leurs homonymes portant
les signes indélébiles du contact avec les tribus de
la race jaune; cependant le noyau touro-aranien,
ou si on veut, touro-aralien, a toujours été distinct. Les Turcs, soit occidentaux, soit orientaux, portaient les noms caractéristiques des dialectes des dynasties, des contrées ou des villes ; et
ceux d'entre eux qui ne trouvaient pas de place
sur les deux plateaux du Turkestan, menaient une
vie moins sédentaire dans, de certains *koms* ou
communes, d'où leur nom de Comans ou de Tur-
co-m-ans (*Tur* ou *Tour*, dont nous avons déjà
donné l'explication; *co* ou *k*, désigne *mise* en *co*-
existence: *com*, commune humaine: *man*, moi qui
suis; et *an*, *an* (*er*) grec, *ens* latin, qui est). Dans
la langue turque, proprement dite, l'esprit des

de la même extraction et lieu: *karamans*, de la même
terre ; *kahramans*, terribles; *kiermans*, *djermans*, hommes guerriers. Il serait trop long d'émettre ici des opinions sur les premiers habitants qui donnèrent le nom
à la Germanie, et surtout, sur ceux de la Germanie
méridionale, comme Suevi, Boi, Touri, Kymri, Marsi,
Alamani etc.

formations des verbes dérivatifs, assigne, presque
à chaque lettre, une signification ; et peut-être, on
se convaincra un jour, que l'étude de c tte langue
est plus intéressante que celle du samscrit , pour
les habitants de l'Europe.

6. Il y a sept ans, j'ai signalé l'insuffisance de
l'ancienne tactique des armes, et quoique mon écrit
n'ait engendré que des haines... , Sadowa a con-
firmé mes assertions. Aujourd'hui, je ne fais que
peindre le peuple turc, tel qu'il était et tel que la
réforme l'a rendu; de nos jours, on ne fait pas de
tableau sans ombres. Pourquoi ai-je entrepris
cette tâche ingrate ? C'est que, je ne suis pas de
l'opinion de ceux qui prétendent que le patriotisme, le dévouement au trône, l'intégrité, le zèle
le sang même versé pour son pays , se comptent
chez nous comme autant de crimes. Non, je crois
au patriotisme de ceux auxquels Dieu et le Souverain ont remis le sort des Pélasgues modernes; et
il est probable, qu à la vue de tant de gloire et de
droits historiques, tels qu'aucune nation au monde
n'en possède de pareils, on comprendra les apti-
tudes et l'avenir des races turques.

7. Cet écrit, commencé au moment des animo-
sités de la question gréco-crétoise, voit aujourd'hui
surgir de cette question la concorde de l'Europe ,
qui fait ajourner les ambitions moscovites. Grâce
à ces dispositions, il faut espérer que la cause de

l'humanité triomphera *par la restauration de l'é-
quilibre de l'Europe et celle de la grande nationalité de la Pologne, et non pas par l'application microscopique du principe des nationalités
factices en Orient, au profit de la Russie.* En
effet, les meilleurs principes, poussés à outrance,
deviennent de dangereuses rêveries , quand leur
application contraste avec les faits observés dans
le domaine de la vie pratiqne , avec la forme et
les proportions de la société actuelle. Croyons
donc à l'avenir de l'humanité et de ses droits , et
félicitons-nous, aujourd'hui, que cette cause, plus
que jamais puissante, compte dans ses rangs, outre la France et l'Angleterre, l'Autriche, l'Italie,
la Turquie, la Scandinavie et bientôt , peut-être ,
l'Espagne etc. Que ne pouvons-nous y enregistrer
la *Grande fabrique des nations*, qui , à ce qu'il
paraît, n'est occupée que de se fabriquer elle-même,
inclusivement avec le grand duché de Posen etc. !

Général Moustapha Djelaleddin

FIN.

www.ingramcontent.com/pod-product-compliance
Lightning Source LLC
LaVergne TN
LVHW010356060726
842526LV00005B/1363